Freya v. Stülpnagel
Ohne dich

Freya v. Stülpnagel

OHNE DICH

Hilfe für Tage, an denen die Trauer
besonders schmerzt

Kösel

3. Auflage 2010
Copyright © 2009 Kösel-Verlag, München,
in der Verlagsgruppe Random House GmbH
Umschlag: Elisabeth Petersen, München
Umschlagmotiv: mauritius images / photolibrary
Innenabbildungen: Rechte über Freya v. Stülpnagel,
S. 96 © Sieger Köder, Maria von Magdala am Grab,
S. 70/71 © VG Bild-Kunst, Bonn 2008; Käthe-Kollwitz-Museum, Hannover,
Foto: Lothar Schnepf, Köln
Druck und Bindung: GGP Media GmbH; Pößneck
Printed in Germany
ISBN 978-3-466-36853-2

Weitere Informationen zu diesem Buch und unserem gesamten
lieferbaren Programm finden Sie unter
www.koesel.de

Dieses Buch widme ich

meinem verstorbenen Sohn

In Memoriam

Es gibt Menschen, die wir in der Erde begraben,
aber andere, die wir besonders zärtlich lieben,
sind in unser Herz gebettet. Die Erinnerung
an sie mischt sich täglich in unser Tun und
Trachten. Wir denken an sie, wie wir atmen,
sie haben in unserer Seele eine neue Gestalt
angenommen, nach dem zarten Gesetz der
Seelenwanderung, das im Reich der Liebe
herrscht.

nach Honoré de Balzac

Benni v. Stülpnagel

25.2.1980 – 6.4.1998

INHALT

VORWORT

Trauernde sind Wissende. Das habe ich über die Arbeit mit trauernden Eltern erfahren. Seit vielen Jahren begleite ich in Seminaren Eltern, die ein Kind verloren haben. Der Verlust eines Kindes ist eine der tiefsten Wunden, die das menschliche Herz hinnehmen muss. Umso mehr bedürfen derart verwundete Menschen einer besonderen Hilfe. Seit etwa zwanzig Jahren ist ein Bewusstsein hinsichtlich Verpflichtung und Beistand gegenüber verwaisten Eltern gewachsen. Zu Recht kann man von einer neuen Kultur der Trauerhilfe sprechen. Seminare, Vorträge, Gottesdienste, Privatpersonen, eingetragene Vereine und Akademien bieten Hilfe zur Trauerbewältigung an und in vielen Selbsthilfegruppen erfahren Menschen Trost, Kraft und Hoffnung. Und ich selbst kann sagen, ich verdanke den verwaisten Eltern unendlich viel. Sie haben mich an ihrem Schmerz teilnehmen lassen und mir ein Wissen geschenkt und vermittelt, das ich sonst so nie bekommen hätte.

Besonders wirksame und glaubwürdige Hilfe können Menschen anbieten, die selbst betroffen waren und bleiben, aber sich doch wieder mit einem umfassenden Ja dem Leben zuwenden konnten. Freya v. Stülpnagel als selbst betroffene Mutter hat mich in der letzten Jahren in meinen Seminaren hilfreich begleitet. Jetzt weist sie mit ihrem Buch »Ohne dich« glaubhaft und überzeugend den Weg von verzweifelter Trauer zu neuer Hoffnung, Lebenskraft und Daseinsfreude. Und dies gilt für jeden Verlust, sodass sich wohl alle Trauernden in diesem Buch angesprochen fühlen können. Der Leser wird eingeladen, sich im Trauerprozess auf die »Kraft der Verwandlung«, wie Freya v. Stülpnagel schreibt, einzulassen.

Dieses Buch spricht jedoch »Nichtbetroffene« genauso an. Die Leser bekommen Erfahrungen vermittelt, die ihnen helfen werden, mit Trauernden umzugehen. Die Kultur des Geistes und des Herzens, die der lebende Mensch im Umgang mit Sterben, Tod und Trauer pflegt, kann sich segensreich auf unser Menschsein auswirken. Diese Kultur führt niemals in Betrübnis, sondern weitet das Herz in seiner Empfindsamkeit gegenüber allem Gegenwärtigen und Zukünftigen und schenkt dem Geist wahre Lebensweisheit. »Unsere Tage zu zählen lehre uns, dann gewinnen wir ein weises Herz«, sagt der Psalmist.

Nicht selten wird der Mensch jäh mit seiner Endlichkeit konfrontiert, am schlimmsten wenn ihn der allerliebste Mensch verlässt. Niemand muss aber verzweifeln, wenn er sich auf wirklich tröstende Hilfe einlässt. Das Buch von Freya v. Stülpnagel spendet nicht nur Trost, sondern schenkt uns allen jenen Frieden des Herzens, der aus der Harmonie von Endlichkeit und Ewigkeit fließt.

P. Claudius Bals, OSB, St. Ottilien

EINLEITUNG

Wenn mir jemand im Januar 1998 gesagt hätte, dass ich mich eines Tages ganz der Trauerbegleitung widmen würde, ich hätte verständnislos geantwortet:»Wieso sollte ich?«

Das Leben hat mich vollkommen unvorbereitet auf diesen Weg geführt. Im April 1998 nahm sich unser dritter Sohn, Benni, mit gerade 18 Jahren das Leben. Von einer Minute auf die andere brach unsere Welt zusammen.

Wir waren eine glückliche, fröhliche Familie. Mit den vier temperamentvollen Buben hatten wir immer ein offenes Haus, jeder brachte seine Freunde mit, es wurde gespielt, gefeiert, diskutiert, das Leben war reich und wir waren dankbar, dass wir unsere Kinder eingebunden in einen großen Freundeskreis gesund aufwachsen lassen konnten. Im Januar 1998 lagen wir alle mit einer Virusgrippe danieder. Benni erholte sich nicht davon. Er fühlte sich schlapp, konnte nicht richtig schlafen, bzw. keine Erholung im Schlaf finden, und meinte:»Irgendwie bin ich nicht mehr der Benni.« Ich dachte mir, dass dieses Kind, dem alles so leicht und gut gelang – sei es in der Schule oder beim Sport –, zum Erwachsenwerden auch einmal eine Phase durchleben müsste, in der nicht alles so locker ging.

Alle, die Ärzte, wir, seine Geschwister und er selbst, bemerkten seinen Zustand nicht bzw. konnten ihn nicht erklären, und wir hatten die Hoffnung, dass er sich durch das geplante Skifahren erholen würde. Hierzu kam es nicht mehr. Am 6.4.1998 nahm er sich das Leben. Ab diesem Zeitpunkt stand die Zeit für uns still, der Boden war uns unter den Füßen weggezogen, absolute Hilf- und Haltlosigkeit überfiel uns.

11

Klagelied – Nein, Nein, Nein

Nein, nein, nein!
Alles ist zerstört.
Mein Leben ist zerstört.
Es hat alles keinen Sinn –
Unfassbar,
zurückgeworfen auf das nackte Ich!

Abgrund –
Dunkelheit –
der Boden ist mir unter den Füßen
weggerissen
und immer wieder.
Mein Gott, mein Gott,
warum hast du mir das angetan!
Wie soll ich je wieder Licht sehen können?
Gibt es noch ein Licht?

Ich falle – ich falle tief.
Ich falle tiefer.
Ich kann mich fallen lassen,
ich darf mich fallen lassen,
ich muss mich fallen lassen.

Es gibt keinen anderen Weg,
als in das Dunkelste hinein.
Das Unbewusste aber weiß:
Du wirst gehalten.
Du wirst getragen.
Und doch – du bist allein.

(geschrieben im Dezember 2000)

Ja, allein sind wir in der Trauer. Jeder muss seinen ureigenen Trauerweg finden und ihn auch alleine gehen, aber wenn wir Glück haben, werden wir nicht alleingelassen.

Wir hatten Glück, wir wurden nicht alleingelassen!

Dank liebevoller Unterstützung seitens der Familie, guten Freunden und unserem katholischen Pfarrer, der uns unendlich viel Zeit und Zuwendung schenkte und über die Jahre zu einem engen Freund wurde, haben wir wieder ins Leben finden können. Unsere Familie ist an diesem Schicksalsschlag nicht zerbrochen, sie hat an Tiefe, Innigkeit, Toleranz und Lebendigkeit noch dazugewonnen, denn Trauer, Sehnsucht und Wehmut sind Teil unseres Lebens geworden. Sie hindern uns nicht mehr am Leben, nein, sie haben unser Leben vollständiger gemacht, unser Leben, in dem Benni immer seinen Platz haben wird, er ist und bleibt unser drittes Kind.

Dass Tod und Trauer zum Leben gehören, haben wir schmerzlich lernen müssen. Alles Wissen, alle neuen Erfahrungen, alle neuen Erkenntnisse, die wir gewonnen haben, würden wir sofort wieder zurückgeben, wenn wir unser geliebtes Kind wiederhätten. Aber da es nun so ist, wie es ist, sind wir dankbar für alles, was uns seit diesem Zeitpunkt, der Stunde null, geschenkt wurde. Wunderbare neue Beziehungen haben sich entwickelt, viel Neues haben wir entdecken und lernen dürfen, sodass wir – so glaube ich – alle wieder »trotzdem *Ja* zum Leben sagen können«.

Dieses Buch wollte ich eigentlich nicht schreiben, denn es gibt schon so viele Trauerbücher. Durch meine Vorträge durfte ich jedoch so vielen Menschen begegnen, die alle meinten, ich sollte meine Gedanken in einem Buch veröffentlichen – sie haben mich ermutigt, nun doch diesen Schritt zu machen.

Mit diesem Buch möchte ich allen Menschen Mut zusprechen, die einen Trauerfall in der Familie oder in ihrem weiteren Umfeld haben, sich der Trauer zu stellen, sie zuzulassen, denn es gibt keinen Weg an der Trauer vorbei, sondern nur durch sie hindurch.

Und wenn wir der Trauer Raum geben, sie durchleben, dann ist sie nicht mehr lebenshemmend, sondern lebensbegleitend. Die Trauer macht das Leben reicher, auch wenn das Leben dadurch an Unbeschwertheit verloren hat.

Hilfen, um diesen Weg gehen zu können, möchten Ihnen die literarischen Texte, Gedichte und Bilder geben. Diese laden Sie ein, innezuhalten, anzuschauen, was ist, und Kraft zu schöpfen, um weiterzugehen.

> Wenn etwas von uns fortgenommen wird, womit wir tief und wunderbar verbunden sind, so wird viel von uns selbst mit fortgenommen. Gott aber will, dass wir uns wieder finden, reicher um alles Verlorene und vermehrt um jenen unendlichen Schmerz.
>
> *nach Rainer Maria Rilke*

Und den Menschen, die Trauernde in ihrem Umfeld haben, möchte ich sagen: Habt keine Angst, geht auf die Trauernden zu, lernt von ihnen, seid da, denn *Trauernde sind Wissende.* Trauer ist ein Teil des Lebens, damit hat jeder eines Tages zu tun. Ich möchte mit meinem Buch alle Leserinnen und Leser ermutigen, Trauer kennenzulernen und sich mit ihr zu beschäftigen.

TRAUERN

Auf einer Hochzeit im Sommer 2003 saß ich neben einem Professor der Onkologie, und als er mich fragte, womit ich mich beschäftige, und ich ihm von meiner Trauerbegleitung erzählte, meinte er: »Trauern, das gibt es doch gar nicht! Das ist doch nur Selbstmitleid!« Ganz perplex war ich. Früher hätte mich so etwas verletzt. Erstaunt hatten mich diese Worte damals schon, denn von einem Mediziner, der mit Krebspatienten arbeitet, hatte ich eigentlich etwas anderes erwartet, aber er lieferte mir so den »Stoff« für den Beginn eines Vortrages.

Was ist Trauern? Für mich ist Trauern eine seelische, geistige und körperliche Reaktion auf einen erlittenen Verlust. Sie ist eine Gabe, die uns Menschen gegeben ist, um die Schmerzen des Abschieds in das Leben zu integrieren.

Ich mag den Begriff »Trauerarbeit« nicht sehr, denn er impliziert die Vorstellung, irgendwann müsse diese Arbeit beendet sein. Bei der Trauer handelt es sich jedoch um einen primär seelischen Prozess, der es uns – wenn wir uns auf ihn einlassen – ermöglicht, trotz des Verlustes eines Tages wieder sinnerfüllt weiterzuleben, wieder Freude am Leben zu finden und die erlittene Erfahrung fruchtbringend in das weitere Leben zu integrieren. Wenn wir also den Begriff »Trauerarbeit« so verstehen, dass wir Schritte machen und zulassen müssen, um wieder zum Leben zu finden, dann kann ich diesen Begriff annehmen.

Beziehung zu dem Verstorbenen

Unser Leben ist und war größtenteils durch die Beziehung geprägt, die wir zu dem Verstorbenen hatten. Frauen werden zu Witwen, Männer zu Witwern, Kinder zu Waisen, Eltern zu verwaisten Eltern, Großeltern zu verwaisten Großeltern, Geschwister zu verwaisten Geschwistern. Vielen mag der Begriff »verwaiste Eltern« merkwürdig erscheinen. Sie finden ihn unpassend. Aber gibt es einen besseren? Genauso wie ein Kind, das seine Eltern verloren hat, verwaist ist, alleine dasteht, hilflos, verloren und orientierungslos ist, genauso fühlen sich Eltern, die ein Kind verloren haben.

Dies ist mir besonders durch ein Buch klar geworden, das der Psychotherapeut Roland Kachler geschrieben hat, der jahrelang mit Trauernden gearbeitet hat. Nach dem Tod seines Sohnes musste er feststellen, dass seine bisher vermittelten Angebote nicht »funktionieren« konnten. Er hat nach dem Verlust aus eigener Betroffenheit und Erfahrung heraus ein Buch geschrieben (*Meine Trauer wird dich finden*), das einen neuen Weg in der Trauerbegleitung einschlägt.

Keine Bezeichnung gibt es für Frauen oder Männer, die jahrelang mit Liebe und Hingabe ihre alten Eltern gepflegt haben, die das eigene Leben zurückgestellt haben, um ganz für die Mutter, den Vater da zu sein. Manche fallen in ein tiefes Loch, denn das verbleibende Leben hat seinen Sinn, seine Aufgabe und seinen Bezug verloren. Und gerade sie müssen sich immer wieder Sätze anhören wie: »Sei froh, dass du sie (oder ihn) so lange gehabt hast« oder »Jetzt wirst du dein Leben wieder genießen können«. Diese Angehörigen – in der Regel sind es Frauen – haben sehr viel Lebensenergie in die Beziehung und in die Pflege gelegt. Sie quälen sich oft, was sie noch hätten, besser oder anders machen können, wo sie in ihren Augen zu wenig getan hätten, und spüren so wenig Verständnis in ihrem sozialen Umfeld, sodass sie sich oft zurückziehen, kaum in der Lage sind, ihren Beruf weiter auszuüben, und sich nicht selten krankschreiben lassen müssen, um wieder behutsam das Leben zu lernen.

»Wenn Eltern sterben, stirbt die Vergangenheit,
wenn der Partner stirbt, stirbt die Gegenwart,
und wenn ein Kind stirbt, stirbt die Zukunft.«

Als ich diesen Satz am Anfang meiner Trauerzeit hörte, habe ich mich sehr angesprochen gefühlt, weil ich für mich keine Zukunft sah, aber inzwischen weiß ich, dass dieser Satz so nicht richtig ist. Egal welche Beziehung bestand, zunächst wird die Gegenwart als weggenommen empfunden – es gibt sie nicht mehr so, wie sie war. Gleichzeitig wird immer ein Stück Zukunft genommen, denn auch mit den Eltern oder dem Partner hat man Pläne für die Zukunft, und wenn es nur ein Frühlingsspaziergang im Rollstuhl war. Und die Vergangenheit? Sie wird durch die »Stunde Null« zu etwas Abgeschlossenem, das in der Erinnerung bewahrt werden kann und damit zur Gegenwart und Zukunft wird.

Memento

Vor meinem eignen Tod ist mir nicht bang,
Nur vor dem Tode derer, die mir nah sind.
Wie soll ich leben, wenn sie nicht mehr da sind?

Allein im Nebel tast ich todentlang
Und laß mich willig in das Dunkel treiben.
Das Gehen schmerzt nicht halb so wie das Bleiben.

Der weiß es wohl, dem Gleiches widerfuhr;
– Und die es trugen, mögen mir vergeben.
Bedenkt: den eignen Tod, den stirbt man nur,
Doch mit dem Tod der andern muß man leben.

Mascha Kaléko

Ermutigung

Verlasse dich nicht!
Begrabe den Schmerz,
der doch der deine ist,
nicht unter dem Felsgestein
der Vergessenheit,
denn unbeweint
kann er nicht Hoffnung gebären,
dich nicht
zu verborgener Quelle führen,
die dir das Leben verheißt.

Antje Sabine Naegeli

»Wie soll ich leben, wenn sie nicht mehr da sind?«

Leben ist im Moment, wenn der Tod eintritt, tatsächlich nicht vorstellbar. Eine gute Freundin, meine »Kreuzesschwester«, fragte mich etwa acht Wochen nach dem Tod ihrer Tochter: »Kann man das überhaupt überleben?« Ich antwortete ihr: »Ja, man kann.« (Der Tod meines Sohnes war damals dreieinhalb Jahre her.) Sie sagte mir später, dieser Satz aus dem Munde einer Gleichbetroffenen habe ihr Mut gemacht, durch die Trauer und mit der Trauer weiterzuleben.

Wie allerdings das Überleben aussehen kann, darauf gibt es keine eindeutige Antwort. Jeder muss seinen eigenen Weg finden, seinen ureigenen Weg, denn jede Beziehung zu den Verstorbenen ist einmalig, und der Trauernde ist es auch. Jeder hat seine eigenen Ressourcen und Überlebensstrategien. Was für den einen wichtig und richtig ist, mag den anderen überhaupt nicht ansprechen.

Ganz sicher brauchen alle Trauernden Menschen, die ihnen zur Seite stehen und die sie ermutigen, ihren eigenen Trauerweg zu finden, um ihn dann auch gehen zu können.

Der Schmerz

Trauer tut weh, richtig weh. Der Schmerz wird zunächst seelisch wahrgenommen, es ist, als ob uns das Herz zerreißen würde.

Es ist ein Geschenk der Natur, dass in den ersten Stunden nach der Nachricht der Schmerz meist noch gar nicht »ankommen« kann. Die Nachricht des Todes wird zwar vom Verstand gehört, das Herz und die Seele sind jedoch wie in Watte gepackt, geschützt, sodass der Schmerz noch außen vor bleibt. Das ist gut so, denn es sind so viele äußere Schritte zu bedenken und zu gestalten, die wir nicht schaffen könnten, wenn der Seelenschmerz schon mit ganzer

Wucht zuschlagen würde: Das Benachrichtigen der nahen Angehörigen und der Freunde, das Abschiednehmen, die Traueranzeigen, die Gestaltung der Trauerfeier. Es ist gut und hilfreich, dass wir uns zunächst ganz auf der rationalen Ebene befinden. Erst nach und nach kann der Schmerz in kleinen Dosen zugelassen werden, die Seele kann nur kleine Schritte machen.

Wir wissen ja oft nicht,
die wir im Schweren sind,
bis über die Knie, bis an die Brust, bis ans Kinn.

Aber sind wir denn im Leichten froh?
Sind wir nicht fast verlegen im Leichten?

Unser Herz ist tief,
aber wenn wir nicht hineingedrückt werden,
gehen wir nie bis auf den Grund.

Und doch,
man muss auf dem Grund gewesen sein.
Darum handelt es sich.

Rainer Maria Rilke

Der Schmerz hat auch eine andere Ausdrucksmöglichkeit: den Körper. Alles tut weh, wir fühlen uns wie gerädert, wir können nichts essen, wir schlafen schlecht oder gar nicht. Am Anfang sind diese Reaktionen ganz natürlich, und wir sollten sie grundsätzlich auch nicht gleich mit entsprechenden medizinischen Mitteln bekämpfen wollen (Schlafmittel und Psychopharmaka), sondern uns Zeit lassen, wenn dies möglich ist. Ich konnte zunächst auch nichts essen und nicht schlafen, aber irgendwann war es so weit, dass ich wie tot umfiel und dann doch schlafen konnte. Wir dürfen der Natur vertrauen, sie hilft uns, dem uns gemäßen Rhythmus zu finden. Verhungern wollte ich schließlich auch nicht, und so fing ich eines Tages doch wieder zu essen an, zunächst mit kleinen Portionen, aber nach und nach wurde auch mein Essverhalten wieder normal.

Das Leben ist stärker

Ein Mann merkte, dass er sterben sollte. Er rief seine Freunde und sagte: »Ich werde sterben. Wenn ich tot bin, legt mich auf die Totenbahre und lasst meine rechte Hand herabhängen. Meine Mutter wird dann wissen, dass alles mit rechten Dingen zugegangen ist.«

Als der Mann gestorben war, taten seine Freunde, worum er sie zuvor gebeten hatte. Dann schickten sie nach seiner Mutter. Sie sah, dass alles mit rechten Dingen zugegangen war, und sagte: »Auf der Erde ist nichts ewig. Was kommt, das geht auch.«

Doch sie sprach noch weiter: »Ich erlaube nicht, dass ihr meinen Sohn begrabt. Ich werde an seinem Kopfende Totenwache halten.«

Die Leute waren besorgt: »Wie soll das enden, wenn die Mutter nicht erlaubt, den Toten zu begraben?«

Aber sie konnten gegen ihren Willen nichts ausrichten. So bahrten sie den Toten in einem leeren Zimmer auf. An die Decke hoch über ihm aber hängten sie einen Korb mit Brot und einen Krug mit Wasser. Dann ließen sie die Mutter alleine.

Die Tage kamen und gingen. Die Mutter spürte zuerst nur ihren Schmerz. Dann aber spürte sie Hunger und Durst. Und diese beiden wurden mächtiger. Sie hob ihren Blick von dem toten Sohn weg und schaute sich im Zimmer um. Da sah sie den Krug und den Korb an der Decke hängen. Sie türmte Polster und Decken, alles was sie fand, auf, kletterte hinauf und holte das Wasser und das Brot herunter. Sie trank und aß.

Dann öffnete sie die Zimmertür und sagte: »Begrabt meinen Sohn! Das Leben ist stärker als der Tod!«

Nach Karin E. Leiter

Hilfe suchen und Hilfe finden

In unserer Trauer sind wir allein und müssen unsere eigenen Schritte machen, aber wenn wir Glück haben sind wir nicht allein*gelassen*.

Ganz am Anfang gerade bei einem plötzlichen Tod ist es ganz besonders wichtig, dass es wenigstens einen Menschen gibt, der einfach da ist. Er muss nicht viel reden, er muss nicht trösten, denn im Moment gibt es für den Hinterbliebenen keinen Trost, er muss nichts zu erklären versuchen, sondern das emphatische Mitfühlen und Dasein ist das Entscheidende.

Wir haben bei den Verwaisten Eltern München e.V. ein Pilotprojekt begonnen, das sich zur Aufgabe gemacht hat, unmittelbar nach dem Tod eines Kindes auf die Eltern zuzugehen, zu ihnen zu gehen, um sie bei den ersten Schritten, die gemacht werden müssen, zu unterstützen. *Primi Passi – Erste Schritte* (siehe Hinweis im Anhang auf S. 141 und 143).

das licht

der sagt ich bin
sagt uns ihr seid

der sagt ihr seid
sagt uns ich bin

das licht der welt

Kurt Marti

Primi Passi

Die Stunde null – die Zeit bleibt stehen!
Ich bleibe stehen.
Starr, bewegungslos, gelähmt.
Und doch – es muss gegangen werden.

Schritte – erste Schritte
In ein ungesichertes
Für mich unbekanntes Land.
Orientierungslos, haltlos, hilflos.

Da ist ein Mensch, der da ist.
Er nimmt mich an die Hand,
Behutsam führt er mich,
Begleitet mich bei meinen ersten Schritten.

Zaghaft, ängstlich, unsicher,
Aber ich spüre. Es geht – ich gehe.
Ich wage Schritte – Schritte
In ein mir unbekanntes Land.

Freya v. Stülpnagel

Wir wissen aus Erfahrung, dass die Betroffenen zunächst nicht in der Lage sind, sich selbst um Hilfe zu kümmern. Der Griff zum Telefon ist schon zu viel, bedeutet eine zu große Überwindung. Deswegen ist es gut, wenn ein Dritter den Kontakt knüpft. Unser Ziel ist es, die Frischbetroffenen so zu unterstützen, dass sie ihre eigenen Ressourcen finden und aktivieren, die Familie, die Nachbarn, das weitere soziale Umfeld, aber auch die individuellen Möglichkeiten und Interessen, um in den eigenen Trauerprozess zu kommen.

Musikhören

Stundenlang saß ich damals auf dem Sofa und habe mir das *Oratorium nach Bildern der Bibel* von Fanny Mendelssohn angehört und immer wieder den einen Choral: »Gott, unser Schild«. In dieser Musik fand ich etwas, das meiner Seelenlage entsprach, das mich ganz in meine Trauer hineinführte, sodass ich meinen Tränen freien Lauf lassen konnte. Der *Messias*, die *Passionen* von Bach, der *Paulus* von Mendelssohn oder *Saul* von Händel haben mich über die erste schwere Zeit hinweg getragen, oder auch die wunderbare Arie »denn er hat seinen Engeln befohlen, dich zu behüten« aus dem *Elias*.

Die Botschaft der Liebe

Musik öffnet, sie weitet, hebt Grenzen auf. Grenzen des Alltags öffnen sich zur Feierstunde, Grenzen der Zeit weiten sich zur Ewigkeit. Der Ton, der im Dunkeln erklingt, macht selbst die Finsternis leuchten.

Wo Kälte sich einschleicht, bringt die Musik Wärme.

Wo sich der Ring der Verlorenheit schließt, enthält die Musik die Botschaft der Liebe.

Wo das Herz weiterzuschlagen sich weigert, befreit die Musik zu lösenden Tränen. Musik deckt den Schmerz nicht zu, sie lässt ihn gelten, ja, gibt ihm sein Recht.

Musik beendet die Einsamkeit nicht, aber füllt sie mit Erinnerung. Musik geht mit dorthin, wo die Trauer hinführt. Und wo immer ein Ton, eine Melodie das Herz erreicht, ist Leben, keimt auch Hoffnung, dass das Herz eines Tages wieder zu singen beginnt.

Jörg Zink

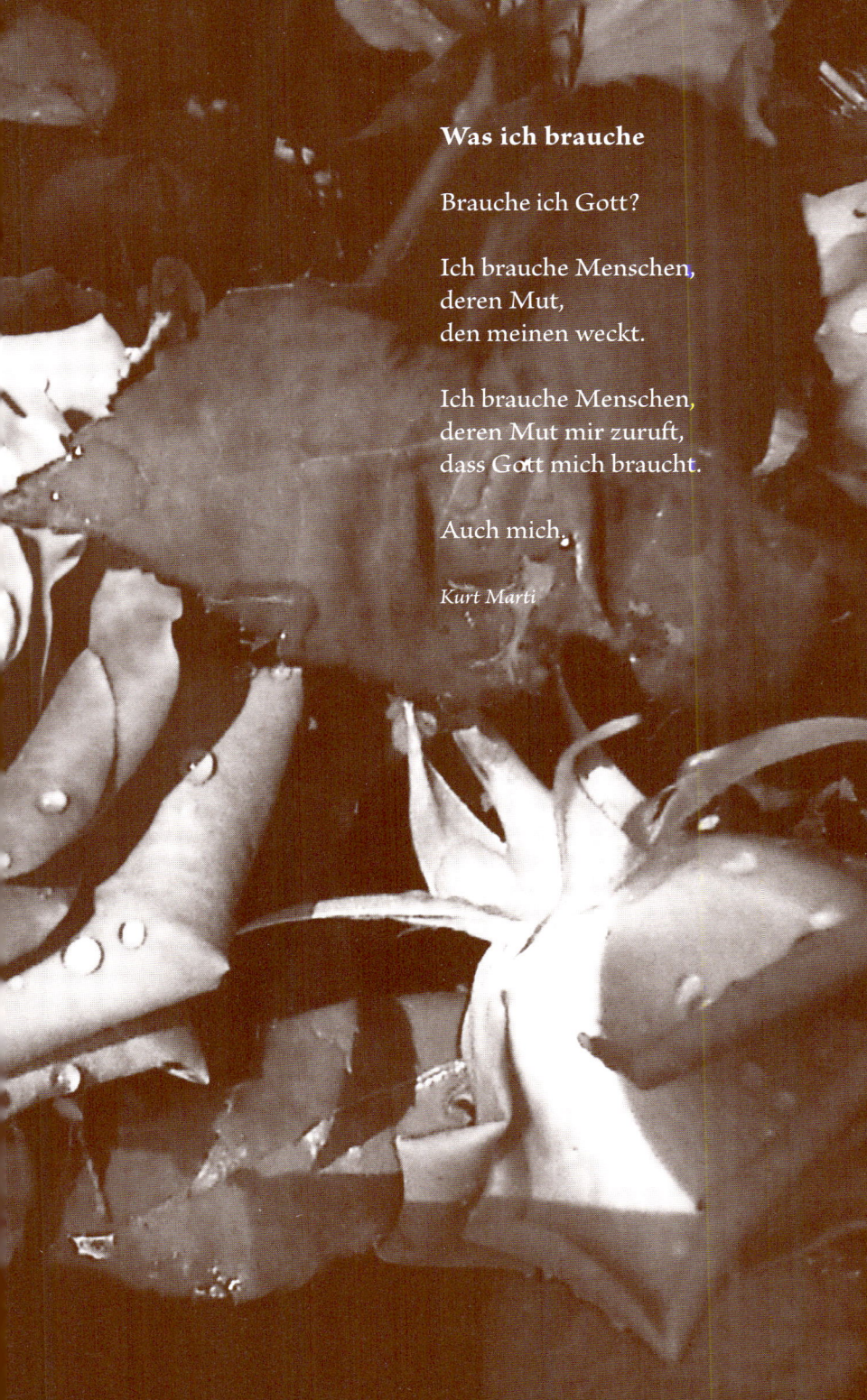

Was ich brauche

Brauche ich Gott?

Ich brauche Menschen,
deren Mut,
den meinen weckt.

Ich brauche Menschen,
deren Mut mir zuruft,
dass Gott mich braucht.

Auch mich.

Kurt Marti

Auch später – über Jahre hinweg – haben mein Mann und ich fast nur sakrale Musik gehört. Wir haben gemeinsam noch mehr als früher Wärme und Aufgehobensein in dieser wunderbaren Musik gefunden – und das ist bis heute so geblieben. Die Arie aus der Oper *Rinaldo* von Händel: »Lascia qu'io pianga« (»Lass mich weinen«), rührt zutiefst ans Herz, die Melodie drückt weiche, durchlässige Trauer aus mit der Hoffnung, dass sich über die Tränen Erleichterung einstellen möge, denn nur gelebte Trauer, geweinte Tränen ermöglichen uns »neues« Leben. Eine zu Herzen gehende Interpretation liegt von Ilona Meroth (CD zu beziehen über: meroth@online.de) vor, die wohl selbst Leiderfahrung hat, was aus ihrem Gesang zu erspüren ist. Geweinte Tränen sind darüber hinaus der beste Schutz vor seelischer oder körperlicher Krankheit.

Als Viktor E. Frankl einen Mithäftling im Konzentrationslager Auschwitz fragte, wie er es geschafft habe, seine Hungerödeme wegzubekommen, hat dieser geantwortet: »Ich habe sie mir herausgeweint ...«

Lesen

Es gibt inzwischen eine Fülle von Trauerbüchern, Fachbücher und Erfahrungsschilderungen. Vielen Menschen helfen diese Berichte, weil sie das ausgedrückt finden, was sie selbst zunächst in ihrem unendlichen Schmerz noch nicht in Worte fassen können. Es tut gut zu lesen, dass es anderen Menschen ähnlich in ihrer Trauer ergangen ist. Dass auch sie sich selbst und das soziale Umfeld sie nicht verstehen konnten. So manche Reaktionen auf den Verlust werden als »unnormal« und abwegig empfunden und durch die Lektüre können Trauernde erfahren, dass sie und ihr Verhalten normal sind und es anderen Menschen auch so ergangen ist.

Mir selbst hat das Buch von Harold Kushner, *Wenn guten Menschen Böses widerfährt*, gutgetan. Ich hatte es Jahre zuvor nach schwerer Krankheit geschenkt bekommen und beim Umräumen ist es mir auf einmal in die Hände gefallen – zur rechten Zeit. (War es Zufall? Ich glaube eher, es fiel mir zu.) In diesem Buch stand genau, was meiner Seelenlage entsprach, und das schenkte mir Hoffnung, Erklärung und Zuversicht. Es ist zu einem »meiner Schätze« geworden und hat mir auch eine Antwort auf die quälende Frage gegeben: »Warum, Gott, hast du mir das angetan?!«

In die Natur gehen

In die Natur hinausgehen kann tröstlich und hilfreich sein. Es kann jedoch auch sein, dass gerade am Anfang die Natur, besonders vielleicht das Frühjahr, als Provokation und »Unverschämtheit« empfunden wird: »Mir geht es so schlecht, in mir ist alles tot und gestorben, dunkel und verschleiert, und dann draußen das helle Licht, das Ausbrechen der Bäume, die bunten Farben der Tulpen und Narzissen, das Vogelgezwitscher. Ich will es nicht sehen, ich will es nicht hören, ich kann es nicht sehen. Ich ziehe lieber die Vorhänge zu und verkrieche mich in mein Bett.« Eine solche Reaktion ist zunächst durchaus nachvollziehbar. Die Diskrepanz zwischen der äußeren und inneren Welt kann nicht größer sein.

Mit der Zeit kann die Natur jedoch als Zeichen und als Geschenk der Hoffnung wahrgenommen werden. Denn in den Jahreszeiten vollzieht sich das, was wir so schmerzlich am eigenen Leib erfahren müssen: Nichts ist von Dauer, wir können nichts festhalten, alles ist in Wandlung begriffen. Es ist der ewige Kreislauf von Werden und Sterben, aber auch von Auferstehung. Der Winter ist lang, manchmal zu lang, und wir können kaum glauben, dass ein kahler Baum nach Monaten wieder zarte Blätter hervorbringt, aber voll Staunen dürfen wir es immer wieder erfahren. Und das gibt Hoffnung!

In die Natur *gehen*: Trauernden tut Bewegung in der frischen Luft gut, egal bei welchem Wetter. Manchmal lade ich die Trauernden ein, mit mir spazieren zu gehen, gemeinsam ein Stück Weg zu gehen. Wir gehen nebeneinander: Wir müssen uns nicht ständig anschauen, wir schauen gemeinsam nach vorne! Dabei können wir uns gut austauschen, über die Trauer, die belastenden Gefühle, die Ängste, die mit dem Verlust verbunden sind. Dann wird auch äußerlich erfahrbar, dass Trauer ein »bewegender« Prozess ist und ich tatsächlich »Schritte« machen kann.

Wasser – Quelle des Lebens –
Fließend, rein, sauber –
In Bewegung
Salziges Wasser – Tränen,
Salz der Erde,
sie reinigen, lösen, machen frei,
die Seele wird gereinigt.

Wasser – Quelle des Lebens –
Wir können dich nicht festhalten,
du zerrinnst uns zwischen den Fingern,
und dennoch nehmen wir dich voll Dankbarkeit wahr,
wir empfangen dich und lassen dich,
du gibst uns Kraft,
wir spüren deine lebendige Energie,
Wasser – du ermöglichst Neuanfang,
Kraftzufuhr.

Wasser – Quelle des Lebens,
wir danken dir,
du bist für alle da –
du – verbindende Quelle zum Leben.

Freya v. Stülpnagel

Spiritualität und Glaube

Kann der Glaube bei dem Verlust eines lieben Menschen die Trauer vielleicht sogar überflüssig machen, da der Glaube uns doch vermittelt, den Verstorbenen gehe es nun gut bei Gott? Diese Frage muss mit nein beantwortet werden, denn auch Glaubende müssen ihren Verlust betrauern dürfen. Wir sind keine Übermenschen, sondern Menschen mit Bedürfnissen und Ängsten. Trauer ist die Kehrseite der Liebe. So sehr wir geliebt haben, so sehr trauern wir. Und das ist richtig und gut, und wir dürfen uns Zeit nehmen und müssen unseren Verlust auch nicht religiös »ersticken«.

Manch einer mag seinen Glauben durch einen schweren Schicksalsschlag zunächst teilweise oder ganz verloren haben. »Ich kann das nicht verstehen! Wie kann Gott das zulassen?« – »An einen Gott, der mir mein Kind oder den Ehepartner so früh nimmt, an den mag ich nicht glauben!« Diese Aussagen und Fragen sind berechtigt und wir dürfen sie auch nicht zu schnell wegargumentieren, zumal es im Glaubensbereich keine eindeutigen allgemeingültigen Antworten gibt. Wir können allenfalls von unserem eigenen Glaubensweg – wenn wir gefragt werden – Zeugnis geben oder einfach durch unser Sein und Tun unseren Glauben mit allen Anfechtungen und Zweifeln weitergeben. Und der eine oder andere mag vielleicht manches mit der Zeit nachvollziehen und in seinen eigenen Glaubensweg integrieren. Oder aber er erkennt, dass es genau so für ihn nicht gilt.

Mit Gott zu hadern und ihn anzuklagen ist die naheliegende Reaktion auf einen schweren Verlust. Klagen und Vorwürfe sind bereits Ausdruck dafür, dass ein Gottesbezug da ist. Einem Nichts würden wir solche Fragen nicht an den Kopf werfen. Wir nehmen mit unseren Anschuldigungen, Vorwürfen und Fragen Gott ernst. Und nur wenn ich meine belastenden Gedanken und Gefühle ausdrücke, können sie sich nach und nach verändern, nicht indem ich sie mir verbiete oder unterdrücke. Vielleicht gelange ich dann eines

Tages zu dem tief in mir vorhandenen Wissen, dass Gott mich nicht *vor* dem Leid, aber *im* Leid bewahrt und begleitet.

War Gott nicht auch ein »verwaister Vater«, der so tiefes Leid, wie wir es haben erfahren müssen, erfahren hat?

Gott, lass dich fragen:
Warum schenkst Du das Leben,
wenn du es dann wieder nimmst?
ich weiß, dass ich dich fragen darf.
Ich verstehe dich nicht!
Dass du dir das auch noch selber angetan hast!
Deinen Sohn hast du dahingegeben
Für das Glück der Welt,
für das Wohlergehen der Menschen um dich .
Ja, ich hätte auch alles hingegeben
Für das Glück meines Kindes –
Aber das Kind selbst will ich nicht hingeben!
Vater, was du getan hast ist ungeheuer –
Nie zu ergründen.
Du gibst deinen Sohn.
Hättest Du in Deiner Allmacht
Nicht einen anderen Weg ins Glück gefunden?
Gott, ich verstehe dich nicht!
Oder hast du deinen Sohn hingegeben,
damit ich dir heute nicht vorwerfen kann,
Du hast keine Ahnung
Vom Leid der Menschen und vom Tod?

Thomas Schmid

Auf den Friedhof gehen

Friedhöfe sind Orte der Ruhe, des Gedenkens und Hinwendens – Friedensorte, gerade am Anfang der Trauer. In den ersten Tagen wird der Friedhof manchmal mehrmals am Tag aufgesucht – ein Ort, wo wir uns hingezogen fühlen. Dort können wir Zwiesprache mit unseren Verstorbenen halten, dort entsteht eine Nähe, die durch niemanden gestört werden kann. Deswegen gehen die Menschen gerne alleine an diesen Ort. Sie müssen niemandem etwas erklären, sie können schweigen, weinen, ihren Gefühlen freien Lauf lassen. Das Grab zu pflegen, das ist für viele Hinterbliebene eine gute Möglichkeit, für den Verstorbenen noch etwas »tun« zu können. Und es ist ein Ort der Erinnerung. Mich fragte einmal eine Freundin, warum es nicht so wie in Amerika möglich sei, die Urne mit nach Hause zu nehmen, dann hätte man den Verstorbenen doch ganz nahe bei sich. Die offizielle Begründung kenne ich nicht genau, aber ich habe versucht ihr klarzumachen, dass der Verstorbene wie überhaupt ein Mensch nie Besitz von uns sein kann. Und es gibt andere Menschen, die ebenfalls um »unseren« Verstorbenen trauern, Menschen, die wir vielleicht gar nicht kennen. Auch sie brauchen eine Möglichkeit, an einen Ort gehen zu können, der diesem Menschen gewidmet ist, unabhängig von uns, um hier dem Freund oder Bekannten nahe zu sein. Darauf sollte auch hingewiesen werden beim Wunsch von Hinterbliebenen, den Angehörigen anonym zu bestatten. Der Ort zu trauern fehlt.

Für unsere Seele ist es besser, einen Ort zu haben, wo wir *hingehen*, wohin wir uns auf den Weg machen, ein Ort, der getrennt ist von unserem häuslichen Bereich. Der Verstorbene ist nicht mehr »äußerlich« bei uns, wir müssen unsere Wohnung, unsere Umgebung ohne ihn einrichten. Wir konnten ihn, seinen Körper, nicht festhalten und deshalb ist die äußere Leere, so schmerzhaft sie ist, wichtig, um die innere Leere mit Erinnerungsarbeit – Seelenarbeit – langsam auszufüllen. Der Dichter schreibt dazu:

Seelenarbeit

Auf unserer Stufe aber muss das Totenopfer in unserer eignen Seele vollzogen werden, durch Gedenken, durch genaueste Erinnerung, durch Wiederaufbau des geliebten Wesens in unserem Inneren.

Vermögen wir dies, dann geht der Tote weiter neben uns, sein Bild ist gerettet und hilft uns, den Schmerz fruchtbar zu machen.

Hermann Hesse

Die akute Trauer wird sich eines Tages verändert haben, vielleicht ohne dass wir spüren, wann genau der Zeitpunkt dieser Veränderung war. Wir fühlen uns kraftvoller, auch wenn es immer wieder »Einbrüche« gibt. Unser Blick hat sich wieder etwas geweitet, und wir können erkennen, dass andere Menschen auch nicht ohne Leid sind. Die Trauer ist anders geworden, sie ist die große Verwandlungskünstlerin, sie wird zum Wegbegleiter.

Es wird besser, sagen die anderen.
Es wird anders, sage ich,
denn der Schmerz hat sich gewandelt,
doch verlässt er mich nicht.

Es ist anders, sagen die andern,
es ist besser, sage ich,
denn das Leben ist jetzt klarer
und viel tiefer für mich.

Es ist leichter, sagen die andern,
es wird schwerer, sage ich,
denn im zweiten Jahr, mein Kind,
spricht kaum noch jemand über dich.
Es ist schwerer, sagen die andern,
es ist leichter, sage ich,
denn dies Leben ist befristet,
ja, ich freue mich auf dich.

Anders – besser
Schwerer – leichter,
nichts ist, wie es vorher war,
als ob eigentlich nichts geschah.

Doch für mich ist alles anders.
Ob es vorher besser war,
kann ich gar nicht mehr so sagen,
eines ist mir aber klar:

Du lebst dort ganz sicher weiter,
anders, besser, leichter, schön!
Hast das Schwere schon bestanden,
ich kann dich im Licht nur sehn.

Du scheinst mit hinein ins Dunkel,
das mich oft umgibt, mein Kind,
hilf mir, an das Licht zu glauben,
bis wir dann zusammen sind.

Regina Tuschl

Trauer und Freude

Wenn mir jemand sagt: »Du hast deinen Verlust ja gut bewältigt oder überwunden«, dann bin ich immer ganz betroffen und antworte: »Bewältigt habe ich gar nichts, ich habe gelernt, mit meinem Schmerz, mit meinem Verlust zu leben. Und überwinden kann ich einen solchen Schicksalsschlag auch nicht, ich denke, ich habe ihn in mein Leben integriert. Die Trauer um den Verlust meines Sohnes wird mich mein Leben lang begleiten.« Dies bedeutet aber nicht, dass ich mich nicht auch wieder über das Leben freuen kann. Beides gehört zusammen.

Die zwei Kammern

Eines Tages begegnete ich einer alten Frau. Ihr Gesicht hatte Furchen, kreuz und quer. Über ihren Augen zogen sich traurige Linien zusammen, aber in ihren alten Wangen waren die Grübchen ihres Lachens geblieben. Sie schaute mich an und sagte: »In deinem Gesicht ist lauter Trauer, deine Augen sind ohne Glanz, und dein Mund ist hart geworden.« »Ich bin in Trauer«, sagte ich entschuldigend. Da sagte die alte Frau: »Richte in deinem Herzen zwei Kammern ein, eine für die Freude und eine für die Trauer. Kommt Trauer über dich, dann öffne die Kammer der Trauer. Kommt aber Freude über dich, dann öffne die Kammer der Freude.« Und mit einem Lächeln fügte sie bei: »Den Toten ist es wohler in den Kammern der Freude.«

Charlotte Knöpfli-Widmer

Einen Ort für die Verstorbenen finden

Wegkreuze an einer gefährlichen Straße sind beispielsweise Orte, wo Menschen, deren Angehörige dort verstorben sind Kontakt zu ihnen haben können. Hier dürfen sie den Tod sichtbar machen, denn sonst ist der Verstorbene nicht mehr sicht- und greifbar. Vom Greifen zum Begreifen. Das ist für viele Menschen an dem Ort möglich, wo der Verstorbene sein Leben gelassen hat. Ich denke an eine Mutter, die sich mit ihrer Tochter am engsten verbunden fühlt in dem Waldstück, wo ihre Tochter aus dem Leben ging. Hier kann sie mit der Tochter sprechen, hier spürt sie sie und fühlt sich ihr nahe.

Oder es ist ein Kreuz an einem Bahnübergang, wo ein Schüler sein Leben verlor und ein liebevoller Nachbar dafür sorgt, dass der Rasen gemäht wird, immer eine Blume blüht und eine Kerze brennt. Das Kind, die Tragik, der Unfall, alles bleibt unvergessen, und so darf es auch einen für andere sichtbaren Erinnerungsort geben, der mitten in unser tägliches Leben hineinwirkt. Auf einer Wanderung in den Ettaler Bergen entdeckten wir eine kleine Kapelle, die ein Gönner zum Andenken an alle, die in diesen Bergen verunglückt sind, erbauen ließ. Der Name vieler Verstorbener ist in der Kapelle zusammen mit einem Bildchen an der Wand aufgehängt. Es ist für die Angehörigen ein schöner, guter Ort, um ihren Verstorbenen nahe zu sein. Über die Jahre wird der Verstorbene immer mehr in unserem Inneren einen guten, sicheren Platz bekommen, unabhängig von äußeren Orten. Einen Platz, den uns niemand nehmen kann und zu dem wir immer Zugang haben. Ich habe es für mich so formuliert: »Mein Sohn wurde mir zum inneren Begleiter.« Dazu gehört auch der Satz von Hilde Domin: »... und die verlierbaren Lebenden und die unverlierbaren Verstorbenen ganz nahe an unserem Herzen sind.« Das heißt aber nicht, dass wir keinen Gedenkplatz haben dürfen. Es ist und bleibt schön, eine Ecke mit Fotos und Andenken zu gestalten, aber für das seelische Gleichgewicht ist es nicht mehr so elementar wichtig.

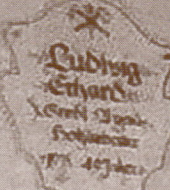

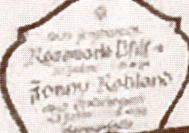

Nichts trennt uns mehr

Ich kehre zurück an die Orte,
wo wir uns begegnet sind,
und du bist wieder da.

Ich gehe die Wege,
die du gegangen bist,
du gehst wieder mit mir.

Ich freue mich an dem,
was dich weiterhin erfreut hätte,
ich sehe dich mitlächeln.

Ich gehe den Spuren nach,
die du hinterlassen hast,
und begegne dir wieder.

Nichts kann uns trennen,
wenn uns so viel verbindet.

Klaus Huber

TOD EINES FAMILIEN-
MITGLIEDES

Tod der Eltern oder eines Elternteils

Wenn das Kind noch jung ist

Stirbt ein Elternteil, so wird das kleine bzw. heranwachsende Kind in eine Situation gebracht, der es ausgeliefert gegenübersteht. Es spürt die Trauer des überlebenden Elternteiles, spürt, dass da jemand fehlt, aber kann in jungen Jahren den Verlust noch nicht zuordnen.

Auch für die kleinsten Kinder ist es wichtig, dabei zu sein, Abschied zu nehmen, die traurige Stimmung in sich aufzunehmen und die Beerdigung mitzuerleben.

Immer wieder höre ich, dass Familien ihr Kind vor dieser schmerzlichen Erfahrung schützen und sie ihm ersparen wollen, aber das funktioniert nicht. Das Kind spürt die Trauer und den Verlust und fühlt sich zusätzlich ausgeschlossen, weil es nicht dabei sein konnte. Für die eigene Trauererfahrung ist es wichtig, an allem so weit wie möglich teilzunehmen, sonst fehlt Kindern für die spätere emotionale und kognitive Integration ein entscheidender Baustein. Verluste von Elternteilen in jungen Jahren können dann bedrohlich werden und das nicht erlebte Abschiednehmen kann sie ein Leben lang belasten.

Es ist auch wichtig, die tatsächlichen Umstände des Todes dem Kind – wahrheitsgemäß zum richtigen Zeitpunkt zu vermitteln.

Beim Suizid eines Elternteils möchte der hinterbliebene Partner dem Kind verständlicherweise diese entsetzliche Wahrheit ersparen. Aber auch hier gilt: Nur die Wahrheit hilft. Nichts ist schlimmer, als wenn das Kind eines Tages die eigentliche Todesursache von Dritten erfährt. Dann kommt neben der Trauer um die Verstorbene oder den Verstorbenen auch noch die tiefe Enttäuschung dazu, dass der andere Elternteil ihm nicht die Wahrheit gesagt hat. Wir dürfen davon ausgehen, dass die Seele des Kindes längst die wahren Umstände kennt, auch wenn es sie nicht verbalisieren kann. Es ist schwer, diese bittere Wahrheit einem Kind zu übermitteln. Deshalb sollten alle im sozialen Umfeld überlegen, was der überlebende Elternteil für eine Unterstützung benötigt, damit er dem Kind die wahren Umstände nahebringen kann. Dabei dürfen wir darauf warten und vertrauen, dass das Kind den für ihn gemäßen Zeitpunkt finden wird, nach den Umständen des Todes zu fragen.

Wenn das Kind älter ist

Ältere Kinder übernehmen gerne die Aufgaben, die der verstorbene Elternteil früher übernommen hatte. Sie fühlen sich verantwortlich und können sich dabei überfordern. Es ist absolut nachvollziehbar und verständlich, dass eine Witwe dankbar ist, wenn der Sohn den männlichen Part übernimmt. Es lässt den Sohn auch reifen und sich seiner Wichtigkeit bewusst sein. Dennoch ist er das Kind und bleibt das Kind und darf keine partnerschaftlichen Aufgaben übernehmen.

Umgekehrt ist es genauso. Eine Mutter stirbt, die älteste Tochter übernimmt neben der Schule den Haushalt, kümmert sich um die kleineren Geschwister und ist abends dem Vater eine gute Gesprächspartnerin. Aber sie bleibt Tochter und ist nicht Ehefrau. Sie muss ihre Jugend daneben leben dürfen, um sich rechtzeitig »abnabeln« zu können.

Wenn das Kind erwachsen ist

Für uns Erwachsene bedeutet der Tod der (alten) Eltern, endgültig Abschied von der Kindheit nehmen zu müssen. Wir denken immer, das war doch längst, aber solange Eltern leben, bleiben wir Kinder. Vor uns steht noch jemand, er macht sich Gedanken, Sorgen um uns und hat uns unser Leben lang begleitet. Der Tod der Eltern lässt uns an vorderste Stelle rücken, und wir werden uns unserer Endlichkeit bewusst. Es ist der natürliche Lauf des Lebens und dennoch ist es ein Abschied. Und jeder Abschied tut weh. Es ist schön, wenn die erwachsenen Kinder mit den Eltern noch das besprechen können, was sie so gerne sagen oder auch wissen wollten. Wenn sie das Gefühl haben, für ihre Eltern alles getan zu haben, was ihnen möglich war, können sie sie auch gehen lassen und ihnen vermitteln, dass sie sterben dürfen. Und wenn dies weshalb auch immer nicht möglich ist, kann es später durch ein Ritual nachgeholt werden.

Heilsam ist es für die Familie, wenn sie sich noch in Ruhe von dem Verstorbenen verabschieden kann, ihn noch eine längere Zeit zu Hause lässt und eine individuell passende Trauerfeier gestaltet, in der das Leben des verstorbenen Elternteils als Ganzes gewürdigt wird. Dann können sie auf dieses Leben als etwas Abgeschlossenes in Dankbarkeit zurückblicken.

Tod der Partnerin oder des Partners

Gerade dann, wenn der Partner nicht nach einem gemeinsamen, langen, erfüllten Leben gestorben ist, ist dieser Tod für den Hinterbliebenen ein »Tod zur Unzeit«.

»Wir wollten noch so vieles miteinander teilen.«

Ich denke da an eine junge Frau, mit zwei kleinen Kindern, die ihren Mann durch einen Verkehrsunfall verloren hat. Das ganze Lebenskonzept ist für sie zusammengebrochen, alle gemeinsamen Pläne wurden zunichte gemacht, sie – die zurückgebliebene Partnerin – fühlt sich wie abgeschnitten, nur noch halb. Auf einmal muss sie Aufgaben übernehmen, mit denen sie nie etwas zu tun hatte. Der Gesprächspartner fehlt, sie sieht sich auf einmal alleingelassen, allein zuständig für die Kinder und die finanzielle Situation. Sie fühlt sich total überfordert und vermisst die Unterstützung, die sie so dringend bräuchte. »Du bist noch jung, du findest bestimmt noch einmal einen Partner« – etwas Verletzenderes kann man ihr kaum sagen. Sie muss ihr Leben ganz neu aufbauen. Wenn sie Glück hat, hat sie einen Beruf, der sie finanziell absichert. Neben der kraftzehrenden Trauer muss sie sich um die Kinder kümmern, ihnen Vater und Mutter gleichzeitig sein und würde sich selbst so gerne einmal anlehnen, ausweinen und ausruhen. Wie wichtig ist da ein liebevoller, unterstützender Freundes- und Familienkreis. Und dieser Freundeskreis braucht einen langen Atem, denn die Witwe braucht über einen langen Zeitraum eine verlässliche Unterstützung.

Aber auch bei älteren Ehepartnern, die lange Jahre zusammengelebt haben, bleibt auf einmal die Frau zurück, die sich nie um Steuern, Versicherungen und sonstige finanzielle Belange kümmern musste, und nun wird sie neben ihrer Trauer mit diesen sie oft überfordernden Aufgaben konfrontiert. »Teach your wife to be a widow« ist ein Ausspruch, der in den USA verbreitet ist und damit genau dieses Problem benennt.

Es ist so traurig, abends alleine in ein dunkles Haus zurückzukehren. In einem meiner Trauerseminare hat auf meinen Vorschlag hin eine Witwe immer ein Licht im Flur und Wohnzimmer angelassen, damit sie sich in ihrem nun stillen Haus ein wenig warm und willkommen fühlt.

Oder der Mann, dessen Frau vor ihm stirbt. Nie hat er sich um die tägliche Pflege und Versorgung kümmern müssen. Er weiß nicht, wie er ein Spiegelei braten soll, wie der Staubsauger funktioniert, die Waschmaschine. Leicht kann es da passieren, dass der Mann verwahrlost und sich in seiner Einsamkeit einnistet.

Ganz besonders schwer haben es oft gleichgeschlechtliche Partner, da die Umwelt und die Familie in vielen Fällen diese Beziehung nicht akzeptiert. In der Regel haben leider die Partner für einen solchen Fall auch nicht vorgesorgt. Das Abschiednehmen ist dann schwierig, das Grab ist oft in einer ganz anderen Gegend als an dem gemeinsamen letzten Wohnort, und der Nachlass fällt meist der Familie zu. Es kann dem trauernden Partner auch widerfahren, dass er nach ganz kurzer Zeit die gemeinsame Wohnung verlassen muss, weil er die Miete alleine nicht aufbringen kann, oder ihn die Erben dazu zwingen. Hier ist es wichtig, dass nicht verheiratete Partner, egal ob gleichgeschlechtlich oder nicht, sich gegenseitig vertraglich absichern. Hoffnungslos alleingelassen fühlen sich Partner, die ihre Beziehung im Verborgenen gelebt haben. Sie fühlen sich gänzlich schutz- und haltlos in ihrer Trauer, da sie keiner richtig ernst- und wahrnimmt.

Wenn der zurückgebliebene Partner die Trauer zulässt und sie durchlebt, wird er nach und nach wahrnehmen, dass ihm verborgene Kräfte zuwachsen, er langsam Stärken entwickeln kann, die er vor dem Verlust nicht wahrgenommen hatte. Und er kann so den geliebten verstorbenen Partner in ein eigenes, aktiv gestaltetes Leben integrieren.

Zwei Bäume im Park

Dies ist die Geschichte von zwei großen Bäumen, die dicht beieinander in einem Park stehen. Sie kennen sich schon seit frühester Jugend. Die Äste des einen Baumes ragen in die Krone des anderen. Im Frühjahr entfalten sich beide zur gleichen Zeit.

Da, wo die Äste des einen sich weiter ausdehnen, hält sich der andere Baum zurück. Sie nehmen Rücksicht aufeinander. Im Herbst machen sie sich beide gemeinsam für den Winter bereit. Sie schützen sich gegenseitig vor dem starken Wind. Der eine Baum gewährt dem anderen Schatten. Sie holen aus dem Boden ihr Wasser und teilen es. So haben sich beide gemeinsam entwickelt, sind alt geworden und haben schon viele Jahresringe gemeinsam aufgebaut. Doris Wolf (siehe Literatur S. 142) erzählt diese Geschichte wie folgt:

Eines Tages schlägt der Blitz in einen der Bäume ein und fällt diesen. Er wird wortlos von Waldarbeitern abtransportiert. Der andere Baum bleibt alleine zurück. Er kann einfach nicht glauben, dass sein geliebter, treuer Nachbar nicht mehr da sein soll. Wo sie sich doch für den nächsten Winter schon so viel vorgenommen hatten. Er wünscht, einfach nur einen bösen Traum geträumt zu haben, und morgen nach dem Aufwachen sei alles wieder in Ordnung.

Doch am nächsten Morgen ist er immer noch allein. Er schaut suchend umher, doch er kann seinen Nachbarn nirgendwo entdecken. Er fühlt sich nackt und hilflos. Jetzt erst wird ihm bewusst, dass er all die Jahre vom anderen Baum Schutz geboten bekommen hatte. Er bemerkt, dass er auf der Seite, die dem anderen Baum zugewandt war, schwächer entwickelt ist. Die Äste sind kürzer und weniger dicht mit Blättern übersät. Ja, er muss sogar aufpassen, sich nicht nach der anderen Seite zu neigen und umzufallen. Der Wind fährt ihm garstig in die schwache Seite.

Wie schön wäre es doch, wenn sein Nachbar noch da wäre. Er beginnt zu hadern, warum der Blitz ausgerechnet in seinen Nachbarn einschlagen musste. Es gibt doch noch mehr Bäume im Park. Er hat Angst vor dem langen harten Winter, den er jetzt alleine durchstehen muss. Er seufzt, fühlt sich sehr einsam. Warum konnte der Blitz denn nicht sie beide treffen? Nie mehr würde er so einen Nachbarn finden, mit dem er alles teilen könnte. Nie mehr könnten er und sein Nachbar über gemeinsame schöne Stunden sprechen. Hätte er am Ende seine Äste weiter zu seinem Nachbarn hinstrecken sollen, dass der Blitz auch ihn hätte treffen können? So quält er sich mit Schuldgefühlen, Ängsten und Verzweiflung. Die Sonne scheint wie immer und sendet ihre wärmenden Strahlen, doch er verspürt sie nicht. Es wird Winter und er verbringt die Zeit alleine. Er überlegt, ob dies wohl der Sinn des Lebens sei.

Eines Nachts, als er wieder einmal grübelte, kam ihm die Idee, dass er sich im nächsten Frühjahr sehr anstrengen könnte, besonders die Äste seiner schwachen Seite wachsen zu lassen. Er könnte versuchen, die leeren Stellen, die der Nachbar mit seinen Ästen ausgefüllt hatte, zu füllen. Er hatte ja jetzt mehr Platz, sich auszubreiten. Er musste keine Rücksicht mehr nehmen und hatte Nahrung für zwei.

So begann er, alle seine Energien darauf zu verwenden, die Lücke, die sein Nachbar hinterlassen hatte, allmählich auszufüllen. Ganz vorsichtig ließ er neue Äste wachsen. Es dauerte, aber er hatte ja Zeit. Und manches Mal war er sogar ein klein bisschen stolz darauf, alleine gegen die Kälte und die Winde anzukämpfen. Er wusste, dass es nie mehr so sein würde wie früher – aber wenn der Nachbar jetzt noch einmal kommen würde oder gar ein neuer Nachbar, hätte er nicht mehr so viel Platz zur Verfügung wie früher. Eines wusste er genau. Er würde den alten Nachbarn nie vergessen, denn er hatte ja die ersten 50 Jahresringe mit ihm gemeinsam verbracht. Zu jedem Jahresring konnte er gemeinsam erlebte Geschichten erzählen. Zu den letzten drei Jahresringen hatte er zu erzählen, wie er gelernt hat, allein zu leben, seinen Ästen eine neue Richtung zu geben und seinen Platz im Park neu zu gestalten.

Doris Wolf

Tod eines Bruders oder einer Schwester

Geschwister sind die doppelten Verlierer: Es fehlt der Partner auf der Kinderebene, mit dem gespielt, geredet, gestritten wurde, mit dem man sich auch einmal gegen die Eltern verbünden konnte, mit dem man sich messen konnte.

Hinzu kommt, dass diese Kinder nicht nur den Bruder oder die Schwester verloren haben, sondern auch die Eltern und zwar insoweit, als die Eltern nicht mehr die sind, die sie vor dem Todesfall waren. Sie haben Eltern vor und neben sich, die zutiefst verunsichert sind, die vollkommen halt- und hilflos sind. Die Geschwister sind in eine Situation gestellt, die bedrohlich und beängstigend ist, denn wer ihnen bisher Halt gab, ist so nicht mehr da.

Eltern haben zunächst nur das verstorbene Kind im Blick und haben anfangs nicht die Kraft, auf die lebenden Kinder zu schauen. Mir sagte unser Seelsorger einigen Wochen nach dem Tod meines Sohnes:»Verlieren Sie die anderen Kinder nicht aus dem Blick.« Da wurde mir erst einmal klar, dass sie auch noch da sind, dass sie auch meine Zuwendung brauchen. Aber gerade am Anfang sind Eltern hilflos und überfordert. Denn wer sieht und erkennt die Trauer der Geschwister? Auf die Eltern wird geschaut, aber auf die Kinder schaut das soziale Umfeld meist nicht. Deshalb ist es so wichtig, dass andere Bezugspersonen für die Geschwisterkinder da sind, um das momentane Defizit hier auszugleichen.

Es geschieht so leicht, dass das verstorbene Kind von den Eltern stark idealisiert und dass nur von ihm gesprochen wird. Die lebenden Kinder fragen sich verständlicherweise dann, ob sie denn gar nichts wert seien? Entsprechend der Altersstufe sollte man versuchen, mit den Kindern ins Gespräch zu kommen, über ihre Situation zu sprechen, ihnen das Verhalten der Eltern zu erklären, dass es nicht gegen sie gerichtet ist, sondern dass die Eltern aufgrund der Trauersituation vorübergehend nicht anders handeln können.

Auch sollte in den Schulen das Thema Trauer behandelt werden.

Lehrer sind häufig verunsichert, weil sie über Trauer und die Folgen nichts wissen. Dabei wäre ihre Sensibilität einem Kind gegenüber, das einen Eltern- oder Geschwisterteil oder einen anderen nahen Angehörigen verloren hat, ausgesprochen hilfreich. Zu überlegen wäre beispielsweise, einem Schüler einmal keine Noten zu geben, damit er nicht noch zusätzlich belastet wird, wenn er schlechte Noten schreibt, bzw. vorübergehend einen Leistungsabfall hat. Tod und Trauer gehören als Thema in die Schule, damit sich kein Tabu für die Kinder aufbaut. Auch sollten die anderen Schüler mit einbezogen werden, damit sie behutsam – und oft haben ja Kinder so kreative, liebevolle Ideen – mit dem Mitschüler umgehen. Sie würden für ihr ganzes Leben lernen. Die Lehrer könnten andererseits viel von den Kindern lernen, durch ihre unverstellte, offene Fragestellung und ihre spontane Intuition.

Die Lücke in der Geschwisterreihe bleibt ein Leben lang und auch die Kinder müssen lernen, mit dem Verlust zu leben. Je nach Altersstufe lehnen sie meist die ihnen angebotenen Hilfen ab. Erwachsene sollten beobachten, ob sie in ihrem Freundeskreis und in ihrer jeweiligen Aufgabensituation weiter gut eingebunden sind, ob sie Freunde haben, mit denen sie sprechen können, und ihnen das Angebot machen, dass es – wann immer sie wollen – gute und kompetente Unterstützung auch für sie gibt.

Und vielleicht dürfen und müssen wir als Eltern das Vertrauen haben, dass es seelische Selbstheilungskräfte gibt, die ihnen helfen, mit dem Verlust und mit der Trauer leben zu lernen.

Wir wären eigentlich vier
Und sind doch nur drei
Denn es fehlt einer
Und dennoch fehlt keiner
Denn einer ist immer dabei.

Wir wären eigentlich vier
Vier Freunde, die durchs Leben gingen
Vier, die gemeinsam Lieder singen
Vier Kameraden, die zusammen lachten
Vier waren`s, die oft Späße machten
Aber wir sind nur drei
Denn es fehlt einer
Und dennoch fehlt keiner
Denn einer ist immer dabei.

Dabei, wo drei gehen und singen
Dabei, wo drei lachen und Späße machen.
In Wirklichkeit kann uns niemand trennen:
Auch wenn es so aussieht, als wär`n wir nur drei ...
Denn – einer ist immer mit dabei.

Jutta Klinkhammer-Hubo

Tod eines Kindes

Jedes Jahr wird für mehr als 25.000 Mütter und Väter zur Gewissheit, was wohl der nie zu Ende gedachte Alptraum aller Eltern ist: Ein Kind stirbt, das eigene, sei es durch Unfall, Krankheit, Suizid oder Gewaltverbrechen. Dieses Kind hatte einen Namen, hatte sein Leben vor sich, hatte Hoffnungen und Träume, einen Platz in der Familie. Die Eltern hatten Visionen für das Kind, hatten es gezeugt, geboren, geliebt und umsorgt und hatten sich eine glückliche Zukunft für das Kind ausgemalt. Der Lebensentwurf einer heilen, glücklichen Familie zerbricht. Der Tod eines Kindes stürzt Vater, Mutter und Geschwister in einen psychischen Abgrund. Ihr Lebensinhalt ist verloren, ihre Liebe fällt ins Leere.

Elegie für Steven

Kein Wort vermag Unsagbares zu sagen.
Drum bleibe, was ich trage, ungesagt.
Und dir zuliebe will ich nicht mehr klagen.
Denn du, mein stolzer Sohn, hast nie geklagt.

Und hätt' ich hundert Söhne: Keiner wäre
Mir je ein Trost für diesen, diesen einen!
Sagt ich: hundert? Ja, ich sagte hundert
Und meinte hundert. Und ich habe keinen.

Dass man doch lernte, sich vor ihm zu neigen,
Der grausam nimmt, was er so zögernd gab.
Solang mein Herz schlägt, ist darin dein Grab.
Ich setze dir ein Mal aus purem Schweigen.

Kein Wort. Kein Wort. Gefährte meiner Trauer!
Verwehte Blätter, treiben wir dahin.
Nicht, dass ich weine, Liebster, darf dich wundern,
Nur dass ich manchmal ohne Träne bin.

Mascha Kaléko

Das Gedicht von Mascha Kaléko ist mir ans Herz gewachsen, denn es drückt aus, was ich nach dem Tod meines Sohnes empfunden habe.

Mir sagte etwa ein halbes Jahr danach eine Mutter – es war gut gemeint, um mich zu trösten: »Du hast ja noch drei Söhne, du hast doch noch eine große Familie.« Ich war sprachlos, und ich dachte, es kann nicht wahr sein, was sie mir jetzt sagt, wo sie doch eigentlich ein mitfühlender, christlicher Mensch ist. In dieser Situation half mir das obige Gedicht:

»Und hätt´ ich hundert Söhne: Keiner wäre
Mir je ein Trost für diesen einen, diesen einen!«

Der Tod eines Kindes ist für Eltern wohl die fundamentalste Erschütterung, der sie ausgesetzt sind. Egal, ob das Kind während oder gleich nach der Geburt oder zu einem späteren Zeitpunkt, sei es mit zwanzig oder vierzig Jahren stirbt – immer bleibt es das Kind, das man hinein ins Leben geboren hat, dem man einen Namen gegeben hat, das sich so voller Hoffnung entwickeln sollte, für das man alles getan hat. Es ist der absolute »Super-Gau«, dem wir Menschen ausgesetzt sind. Unseren Kindern ins Grab zu schauen, ist für uns unfassbar, nicht vorstellbar, nicht denkbar. Die natürliche Ordnung ist auf den Kopf gestellt, blankes Entsetzen, Ohnmacht und Hilflosigkeit überfallen einen, der ganze Lebenssinn ist erschüttert, absolute Halt- und Orientierungslosigkeit überfällt die Familie.

Die Situation der Familie lässt sich schön mit einem Mobile vergleichen. Jeder in der Familie hat seinen Platz, das Mobile ist mit seinen einzelnen unterschiedlichen Teilen im Gleichgewicht, ein Windhauch bringt die Teile zum Schwingen, aber es behält seine Balance. Wenn nun ein Kind stirbt, gerät das gesamte familiäre Gefüge ins Wanken, das Mobile droht auseinanderzufallen, ein Teil ist abgetrennt, und es braucht lange Zeit – wenn alles gut geht –, damit es wieder ins Gleichgewicht kommt. Keiner ist mehr an dem Platz, wo er vorher war, alles ist verschoben, jeder muss einen neuen Standort finden, damit die Balance wiederhergestellt werden kann. Und das dauert eine lange Zeit!

Oft hören Eltern: »Wie gut, dass ihr euch gegenseitig habt, um eueren Schmerz zu teilen.« Ja, das kann sehr hilfreich sein, so es gut geht, und dennoch, jeder ist in seiner Trauer allein.

Für ein Elternpaar ist es ganz schwer, diese Zeit gemeinsam durchzustehen. Jeder der Ehepartner trauert unterschiedlich, der eine mag reden, der andere mag schweigen, der eine mag täglich auf den Friedhof gehen, für den anderen bedeutet der Friedhof gar nichts, weil er sein Kind nicht wirklich dort weiß. Der eine sucht Ablenkung, der andere mag die Einsamkeit. Der eine sucht körperliche Nähe, der andere kann sie nicht ertragen. Es ist für ein Elternpaar eine enorme Belastung, diese Trauerzeit gemeinsam durchzustehen. Für Eltern ist es sehr entlastend zu erfahren, dass Mann und Frau oft unterschiedlich trauern, dass dies ganz normal ist, dass es darauf ankommt, sich gegenseitig auszuhalten und nicht zu meinen, der andere trauere vielleicht gar nicht, nur weil er in den Augen des anderen unverständlich reagiert.

Viele meinen, es sei vielleicht einfacher, wenn das Kind vorher länger krank gewesen sei. Die Eltern hätten dann vorher schon ein Stückchen Trauer gelebt, aber wir Menschen leben von der Hoffnung, Hoffnung, dass ein Wunder passiert, dass sich die Medizin entwickelt und es doch noch ein heilendes Mittel gibt. So haben wir es auch bei Freunden erlebt, deren Kind todkrank war, sie aber doch bis zum Schluss hofften, dass es gerade für ihr Kind noch eine Möglichkeit zur Heilung gäbe. Diese Eltern mussten sich mit der schweren Krankheit auseinandersetzen, das kann eine entsetzliche Trauer sein, und sie haben die Möglichkeit des Todes vielleicht auch schon vor Augen gehabt, und dennoch, wenn das Kind dann stirbt, ist es noch einmal etwas ganz anderes. Nichts ist so schwer wie die brutale Abwesenheit, die Endgültigkeit, der Zusammenbruch der – vielleicht konstruierten – Hoffnung.

In das Grab des Kindes zu schauen, kommt uns so widernatürlich vor, so unvorstellbar, es ist die Vorstellung, die wir nicht denken können und wollen – und dennoch, es geschieht, und wir stehen da, ohne Zukunft, ohne Hoffnung.

Wie auch immer die Umstände sind, Eltern werden denken: »Was habe ich versäumt, was hätte ich anders machen können, wo habe ich gefehlt, warum war ich nicht da, habe ich das Kind richtig ernährt, hatte ich die richtigen Ärzte eingeschaltet?« So unrealistisch und falsch diese Selbstvorwürfe auch sein mögen, so berechtigt und wichtig sind sie doch, damit die Eltern die ganze Tragweite der Katastrophe zulassen können und die seelischen Schritte zu dem ihnen gemäßen Zeitpunkt machen können. Und niemand sollte zunächst versuchen, diese Schuldvorwürfe wegzureden, denn es ist wichtig, dass die Eltern all ihre Gedanken aussprechen können und dies immer wieder, um sie eines Tages selbst loslassen zu können, in dem Bewusstsein, dass wir eben nicht allmächtig sind, uns Grenzen gesetzt sind – innere und äußere – und wir sie annehmen müssen.

Eltern, die ein Kind verloren haben, fühlen sich oft wie amputiert. Ich habe es für mich so formuliert: »Ich habe vier Kinder; ich habe zwei Arme und zwei Beine, durch den Tod unseres Sohnes fühle ich mich wie amputiert.« Und diese Amputation bleibt. Aber so wie ein Beinamputierter mit Unterstützung wieder gehen lernt, so habe ich gelernt, mit meinem Verlust zu leben. Das Leben ist nie mehr so, wie es war, das Unbeschwerte ist verlorengegangen, aber das Leben wird nach einer langen Zeit des Trauerns – was wir uns zunächst überhaupt nicht vorstellen können – wieder lebenswert.

Ich erinnere mich noch gut daran, es war kurze Zeit nach dem Tod unseres Sohnes, und ich war mit dem Rad auf dem Nachhauseweg vom Friedhof, als mir der Gedanke kam: »Ich werde nie wieder lachen, mich nie wieder freuen können.«

Auf dem täglichen Radweg, vom Friedhof her, kreisten meine Gedanken immer um unseren Benni und um unser aus den Fugen geratenes Leben.

Nach einigen Monaten kam mir auf diesem Weg der Gedanke, der mich zunächst erschreckte: »Ich lasse mir von deinem Schicksal mein Leben nicht zerstören.«

Zunächst schämte ich mich fast ob dieses Gedankens, ich empfand es fast ein wenig wie Verrat an meinem Sohn – und dennoch, er war da. Als ich mit unserem Seelsorger darüber sprach, war er ganz erleichtert und meinte nur, das sei ein gutes Zeichen für wieder beginnenden Lebenswillen.

Eine außergewöhnliche Situation liegt vor, wenn Eltern ihr einziges Kind verloren haben. Sie fühlen ganz besonders, dass ihr Lebensfaden abgeschnitten ist. Manchmal fühlen sie sich nicht einmal mehr als verwaiste Eltern, denn sie meinen, sie seien keine Eltern mehr. Auch wenn es keine Konkurrenz in der Trauer gibt, nach dem Motto: »Für mich ist es ja viel schlimmer als für dich«, so müssen wir doch feststellen, dass die Einsamkeit und der Paradigmenwechsel noch schärfer und endgültiger ist, wenn das einzige Kind verstorben ist.

Und was sollen die Eltern sagen, wenn sie gefragt werden: »Haben Sie Kinder?« Ich ermutige die Eltern, zu antworten: »Ja, wir haben ein Kind.« Und wenn sie mögen, können sie sagen: »Es ist vor drei Jahren gestorben.« Ich weiß, es ist unendlich schwierig, so etwas zu sagen, aber es geht uns besser, wenn wir das Kind erwähnen, mit dem wir über den Tod hinaus so innig verbunden bleiben, als es zu »unterschlagen«. Dann geht es uns noch schlechter, und wir spüren, dass dies nicht der »Realität« entspricht.

Auch Eltern, die ein ungeborenes Kind verloren haben, werden manchmal mit Reaktionen des sozialen Umfeldes konfrontiert, die sie sprachlos, wütend, traurig und einsam machen. »Du bist noch jung, du kannst ja noch Kinder bekommen«, oder »Wie gut, es war ja noch kein *richtiges* Kind«. Für diese jungen Eltern ist die Enttäuschung so groß, dass ihre Trauer nicht ernst und wahrgenommen wird.

Deshalb ist gerade eine spezielle Frühtodgruppe wie bei den »Verwaisten Eltern«, zu der Eltern kommen, die vor, während oder nach der Geburt ihr Kind verloren haben, so wichtig, weil sie hier auf andere treffen, die diese spezielle Trauer teilen. Dort finden sie den

Raum und die richtigen Gesprächspartner, um ihren Verlust eines Tages in das Leben zu integrieren.

Besonders schwer haben es Eltern bzw. werdende Mütter, die einen Schwangerschaftsabbruch vorgenommen haben. Ihre Trauer wird von den meisten Menschen überhaupt nicht wahrgenommen, denn die werdende Mutter hat sich ja ausdrücklich gegen das Kind entschieden. Aus welchen Gründen auch immer der Abbruch vorgenommen wurde, es ist ein seelischer Einschnitt, ein Einschnitt, den man nicht einfach übergehen kann, sondern der auch betrauert werden will. Dieser Trauer muss Raum gegeben werden, damit diese Gefühle nicht zu einem späteren Zeitpunkt aufbrechen als etwas Diffuses und nicht mehr richtig zugeordnet werden können.

Es ist schön, dass die »stillgeborenen« Kinder jetzt auch einer Bestattungspflicht unterliegen und durch die Krankenhäuser an bestimmten Tagen an besonderen Orten auf den Friedhöfen begraben werden im Rahmen einer Trauerfeier auf dem Friedhof und anschließend in der jeweiligen Krankenhauskapelle. Zu diesen Feiern werden die Eltern von den Krankenhausseelsorgern angeschrieben und eingeladen.

Eine verwaiste Mutter, deren einziges Kind verstorben ist, sagte mir einmal: »Wie gut, dass ich kein anderes Kind habe, ich würde es nicht schaffen, für dieses Kind da zu sein.«

Es ist schon wahr, dass zunächst keine Kraft, keine seelische und körperliche Energie für die anderen Kinder da ist. Aber irgendwann wird sich der Blick auch wieder auf die lebenden Kinder richten und voll Dankbarkeit über ihr Dasein wird die Anteilnahme an ihrem Leben zurückkehren. Und dies, ohne das verstorbene Kind zu vergessen oder zu ignorieren. Es wird vielmehr mit seinem Leben und seinem Sterben in das Familienleben integriert.

Hierbei ist es wichtig, dass nach den »Ordnungen der Liebe«, das Kind seinen Platz in der Geschwister-Reihenfolge behält. Und wenn ich gefragt werde: »Wie viele Kinder haben Sie?«, antworte ich immer: »Vier.« Unser Sohn Benni ist und bleibt unser drittes Kind. Aus

der Familienaufstellung wissen wir, dass die anderen Kinder ihren Platz in der Geschwisterfolge behalten müssen, damit keine Unordnung im System auftritt.

Etwa zwei Jahre nach dem Tod unseres Sohnes starb mein Vater. Freunde meinten: »Du Arme, jetzt hast du schon wieder einen Verlust zu beklagen.« Ich weiß, dass dieser Satz gut gemeint war, aber die Trauer um ein Kind steht zur Trauer um ein Elternteil, das ein langes, reiches Leben hatte, in keinem Verhältnis. Ich dachte mir damals nur: »Wenn ich jetzt übermäßig trauern würde, hätte ich noch nichts vom Leben verstanden.«

Natürlich ist der Tod eines Elternteiles, überhaupt der Eltern, ein Abschied, und jeder Abschied tut weh, aber dies ist das »normale« Leben, während ein Kind zu verlieren, eben nicht das Normale, sondern etwas Unerhörtes, ja für uns Eltern Katastrophales ist.

Käthe Kollwitz hatte ihren Sohn Peter zu Beginn des Ersten Weltkriegs verloren. Sie war untröstlich über diesen Verlust und wollte ihrer Trauer Ausdruck geben durch ein Mahnmal für ihren Sohn. Achtzehn Jahre lang arbeitete sie an diesem Werk, und nach vielfältigen Veränderungen, die Ausdruck der sich wandelnden Trauer waren, entstand ihr großartiges Werk, die »Trauernden Eltern«, lebensgroße Skulpturen, bei denen man eindeutig die Gesichtszüge des Ehepaares Kollwitz erkennen kann.

Diese Skulpturen (das Bild zeigt eine Kopie in der Gedenkstätte Alt St. Alban in Köln – abends sind sie schön beleuchtet) sind für mich deshalb so berührend, weil sie in authentischer Weise die je eigene Trauer der Ehepartner ausdrücken. Sie stehen voneinander getrennt und dennoch sind sie verbunden durch den gleichen, tiefen Schmerz. Sie geben Zeugnis von der körperlichen und seelischen Schwere der Trauer. Mit diesen Figuren ist der Schmerz verwaister Eltern beispielhaft und künstlerisch unübertroffen dargestellt.

SUIZID

Gegen falsche Wertungen

Während einer Live-Radiosendung, in der es um Suizid ging, meinte eine Hörerin, dass so etwas »ganz schlimm« sei, von Gott nicht gewollt, und dass es den Menschen auch im Jenseits entsprechend schlecht gehen würde. Ich war ganz betroffen, dass noch heute derartige Vorstellungen existieren.

Wer kann es wissen

Wer von uns kann wissen, dass Gott ein Leben nicht auch auf diesem Wege zurückfordern kann – das ist für uns Menschen unfassbar.
Karl Barth

... das unwillkürliche Gefühl des Schauders, das uns angesichts der Tatsache eines Suizides ergreift, ist nicht auf die Verwerflichkeit, sondern auf die schaurige Einsamkeit und Freiheit solcher Tat zurückzuführen, in der Bejahung des Lebens nur noch in seiner Vernichtung besteht. Nicht die Niedrigkeit der Motive macht den Suizid verwerflich. Man kann aus niedrigen Gründen am Leben bleiben und aus edlen Motiven aus dem Leben gehen.
Dietrich Bonhoeffer

Der evangelische Theologe Jochen Klepper schied im Dezember 1942, als es für seine jüdische Frau keine Chance mehr gab, der drohenden Deportation zu entgehen, mit ihr und der Tochter »freiwillig« aus dem Leben. Er steht zu diesem Schritt und seine letzte Eintragung in sein Tagebuch lautet:

(10. Dezember 1942, Donnerstag)
Wir sterben nun – ach, auch das steht bei Gott –
Wir gehen heute Nacht gemeinsam in den Tod.
Über uns steht in den letzten Stunden das Bild des segnenden Christus, der um uns ringt. In dessen Anblick endet unser Leben.

Sein unermüdliches Ringen um das Leben und das verzweifelte Ringen um den Tod ist mir beim Lesen seiner Tagebücher besonders bewusst geworden. Es war keine leichtfertige Entscheidung, ganz gewiss nicht, und Jochen Klepper stellte sich auch die Frage, wie dieser Schritt mit seinem Glauben vereinbar sei. Es war schließlich keine »freie« Entscheidung, denn er sah für sich und seine Liebsten keine Möglichkeit zu leben. Letztlich siegte das Vertrauen in Gottes Barmherzigkeit und Güte und er konnte auf diese Weise aus dem Leben gehen.

Wie viel mehr noch dürfen wir auf die Liebe Gottes vertrauen, wenn Menschen, die seelisch krank sind, auf eine Erlösung von ihren Leiden durch die Selbsttötung hoffen. Es geht ihnen so schlecht, dass sie keine andere Möglichkeit sehen, ihrem Leiden ein Ende zu setzen. Ich denke dabei an eine verwaiste Mutter, deren Tochter jahrelang wegen schwerster Depressionen in psychiatrischer Behandlung war und nach der letzten Behandlung sagte: »Mir kann keiner mehr helfen, ich kann mir nur noch selbst helfen.«

Es gibt aber auch Menschen, die plötzlich und unvermittelt von einer schweren Depression befallen werden, Ärzte und das nahe Umfeld, sie selbst, können den Zustand noch gar nicht richtig deuten, der Blick verengt sich in kürzester Zeit, sie sind wie in einem Tunnel, können nichts mehr außerhalb dessen sehen und werden wie von einem Sog aus dem Leben in den Tod hineingezogen.

Zurück bleiben Angehörige, Verwandte und Freunde, die fassungslos vor diesem Schritt stehen. Sie können diese Tat nicht nachvollziehen und nicht verstehen. Sie können und wollen nicht wahrhaben, was geschehen ist. Sie suchen Erklärungen und müssen sich eingestehen, dass sie keine bekommen. Nach und nach bauen sie sich Konstrukte auf, um mit diesem dramatischen und wohl schwierigsten Verlust überhaupt leben zu lernen. Eine endgültige Erklärung oder Antwort wird es wohl nie geben. Eine solche könnten uns nur die Verstorbenen selbst geben, und sie sind nicht mehr hier.

Aus diesem Grund bin ich immer sehr betroffen, wenn von Menschen, die durch einen Bahnsuizid sterben, behauptet wird, sie wollten damit »die Welt noch einmal auf sich aufmerksam machen, die Welt zwischenzeitlich zum Stehen bringen«. Wie kann man so etwas behaupten, ohne es zu wissen? Dieser Vorwurf wäre nur dann gerechtfertigt, wenn ein Schreiben des Verstorbenen vorläge, in dem er genau dies formulieren würde. Wie oft ist das jedoch der Fall? Meiner Erfahrung als Trauerbegleiterin nach wählen Menschen diese Methode des Aus-dem-Leben-Gehens, weil sie *tod*sicher ist. Bei anderen Arten des Suizides kann es geschehen, dass der Suizident noch gerettet und dem Leben dann wieder ausgesetzt wird.

Häufig wird dann von Psychiatern und Psychologen festgestellt, dass gerettete Suizidenten über ihre Rettung froh seien, und sie würden das Leben danach neu schätzen. Und sicher mag es Menschen geben, die wieder neu ins Leben finden. Wie viele es sind, wird wohl keiner beurteilen können.

Leider gibt es viele, die zwar noch rechtzeitig vom Suizid abgehalten und gerettet wurden, dann eines Tages aber doch »freiwillig« aus dem Leben scheiden. Sie beenden ihr Leben, weil sie nicht mehr leben können, nicht mehr *so* leben können mit ihrem seelischen Leiden. Sie befinden sich in einem Zustand, der das Umfeld und die Mitmenschen nicht mehr im Blick hat und nur noch Erlösung im Tod sieht.

Die besondere Betroffenheit, die ein Suizid auslöst, liegt daran, dass wir keine Möglichkeit hatten, diesen letzten Schritt zu verhindern. Wir müssen mit unseren Gefühlen der Ohnmacht und Hilflosigkeit zurechtkommen. Hinzu kommt die Angst, wir könnten selbst vielleicht einmal damit konfrontiert sein. Wir sind nicht davor geschützt. Wir können es uns vielleicht im Moment nicht vorstellen, aber wissen wir, wie wir reagieren würden, wenn irgendwann in unserem Gehirn eine biochemische Veränderung stattfindet, die wir nicht unter Kontrolle haben und von der wir »überwältigt« werden? Deshalb wäre es gut, differenziert mit den Begriffen umzugehen. Angehörige nach Suizid reagieren meist besonders empfindlich auf »Selbstmord« und »Freitod«.

Der Begriff Selbstmord ist definitiv falsch und sollte eigentlich als »Unwort« qualifiziert werden. Emmy Meixner-Wülker, die Begründerin von AGUS (Angehörige um Suizid e.V.), stellte bereits vor Jahren bei der Germanistischen Fakultät der Universität Frankfurt den Antrag, dieses Wort als Unwort des Jahres zu deklarieren. Leider bisher erfolglos. Es werden nur moderne Sprachschöpfungen zu Unwörtern erklärt. Bei »Selbstmord« handele es sich um ein Unwort, das schon seit Jahrhunderten existiere.

Nachweislich falsch ist »Selbstmord« aus folgenden Gründen: Mord verlangt neben der Tötung eines anderen Menschen zwei qualifizierende Merkmale nach §211 StGB:

1. in der Art der Begehung, nämlich »heimtückisch, grausam oder mit gemeingefährlichen Mitteln, oder um eine andere Straftat zu verdecken.«

2. in der Motivation: »wer aus Mordlust, zur Befriedigung des Geschlechtstriebes, aus Habgier oder aus sonst niedrigen Beweggründen« einen anderen Menschen tötet.

Diese beiden Merkmale treffen auf einen Suizidenten nicht zu. Das Wort ist somit inhaltlich falsch und darüber hinaus auch diskriminierend.

Auch der Begriff »Freitod« muss diskutiert werden. Manch einer denkt an Jean Amérys Buch: *Hand an sich legen*, aber war der Autor wirklich frei aufgrund seiner Lebensgeschichte? Hinterbliebene mag es trösten, dass der geliebte Mensch aus freiem Willen seinem Leben ein Ende gesetzt habe. Aber war der Mensch in diesem Moment tatsächlich frei? In den meisten Fällen wohl kaum. Die Betroffenen haben nicht *frei* entschieden, sie waren in einer körperlichen, geistigen oder seelischen Notlage, sie konnten nichts mehr als den Tod als Lösung sehen, sie waren gefangen in ihrer Not. Die wenigsten der Selbsttötungen sind sogenannte Bilanzsuizide, die angeblich nach reiflicher freier Überlegung begangen werden. Deshalb sind die einzigen wertfreien und richtigen Begriffe »Suizid« und »Selbsttötung«. Das Wort Suizid stammt aus dem Lateinischen und setzt sich zusammen aus dem Personalpronomen suus,a,um (selbst) und dem Verb: caedere, mit der Bedeutung: niederhauen, fällen, töten. Daher auch häufig die Schreibweise mit c: Suicid.

Und jeden Tag die Frage nach dem Warum

Wie bei keiner anderen Todesursache stellt sich beim Suizid die Frage des *Warum*. Diese Frage und Vermutungen darüber belagern unseren Kopf, unseren Verstand und unser Herz. Wir möchten eine Antwort und bekommen keine, und wenn wir eine bekommen, können wir sie meist nicht annehmen und spüren auch, dass sie nicht stimmt.

Die Fragen leben

Ich möchte Sie, so gut ich es kann, bitten, Geduld zu haben gegen alles Ungelöste in Ihrem Herzen und zu versuchen, die *Fragen* selbst lieb zu haben wie verschlossene Stuben und wie Bücher, die in einer sehr fremden Sprache geschrieben sind.

Forschen Sie jetzt nicht nach den *Antworten*, die Ihnen nicht gegeben werden können, weil Sie sie nicht leben könnten. Und es handelt sich darum, alles zu *leben*. Leben Sie jetzt die Fragen. Vielleicht leben Sie dann allmählich, ohne es zu merken, eines fernen Tages in die Antworten hinein.

Rainer Maria Rilke

Warum? Die Frage bleibt auch deshalb, weil bei einem Suizid alle versuchen, möglichst schnell eine Antwort darauf zu finden, weil keine zu haben, allzu beängstigend ist. Da wird schnell eine Erklärung gefunden und die Angehörigen werden noch zusätzlich zu ihrem unermesslichen Leid damit direkt oder indirekt konfrontiert. Manch einer musste sich Sätze anhören wie:»Es ist ja kein Wunder, dass er sich das Leben nimmt, die Frau hatte ja nur ihre Karriere im Kopf.« – »Kann es nicht sein, dass sich der Sohn das Leben genommen hat, weil die Eltern geschieden waren?« – »Dass die Tochter sich das Leben genommen hat bei den kulturellen Unterschieden der Elternteile ist ja verständlich.« – »Er hat bestimmt Drogen genommen!« – »Er ist ja immer fremdgegangen, da hätte ich mir auch das Leben genommen.«

Werden Angehörige mit solchen unqualifizierten Erklärungsversuchen konfrontiert, fühlen sie sich noch mehr in die Isolation getrieben. Sie kommen sich als Außenseiter vor und denken, nur ihnen sei so etwas Unbegreifliches widerfahren. Hier können Selbsthilfegruppen tröstlich sein, denn dort erfahren Betroffene, dass ganz »normale« Menschen, ganz »normale« Familien dieses Schicksal zu tragen haben. Alleine das zu erfahren, ist schon ein Trost in dieser untröstlichen Situation.

Auch solch quälende Fragen wie: »Warum hat er/sie mir das angetan?«, »Ich habe ihn doch so geliebt, warum hat meine Liebe nicht gereicht?«, drängen sich immer wieder auf. Sie sind verständlich und nachvollziehbar. Eine Antwort darauf kann niemand geben. Der Suizid ist und bleibt neben allen Erklärungsversuchen und medizinischen Diagnosen letztlich ein Geheimnis, mit dem wir leben müssen. Wir möchten so gerne mehr wissen und werden mit der Zeit einsehen (müssen), dass wir Antworten nicht bekommen werden.

Die Frage nach eventuell zu wenig Liebe weist bereits auf ein anderes zentrales Thema hin: die mögliche Schuld. »Was habe ich versäumt? Hätte ich die Signale früher erkennen müssen? Hätte ich sie oder ihn doch früher in eine Klinik bringen müssen? Habe ich etwas in der Erziehung falsch gemacht? Haben wir genug miteinander gesprochen? Warum hat er sich mir nicht anvertraut? Mir nichts gesagt?«

Solche oder ähnliche Fragen stellen fast alle Angehörigen nach Suizid. Wir müssen unterscheiden zwischen Schuldgefühlen und wirklicher Schuld, die jedoch im Zusammenhang mit einem Suizid in der Regel nicht vorliegt. Schuldgefühle zeigen, wie sehr der Angehörige sich mit dem Verstorbenen verbunden fühlt und wie sehr er ihn geliebt hat. Er glaubt, dass dieser letzte Schritt durch vollkommene Liebe und Zuwendung hätte vermieden werden können. Deshalb ist es auch nicht sinnvoll, den Angehörigen diese Schuldgefühle gleich ausreden zu wollen, um sie zu entlasten. Dieser Wunsch, Entlastung zu schaffen, ist zwar verständlich, aber nicht sinnvoll, denn die verletzte Seele der Hinterbliebenen benötigt viel Zeit, diesen Schritt machen zu können, weil damit auch eine Veränderung der Beziehung zum Verstorbenen verbunden ist.

Und wenn wir meinen, wir hätten den Verstorbenen retten können, wenn wir dieses oder jenes getan oder unterlassen hätten, übersehen wir dabei, welche Möglichkeiten wir *wirklich* gehabt hätten. Woher wissen wir, ob wir den Suizid dann wirklich verhindert hätten, wenn wir dies oder jenes getan hätten? Meiner Überzeugung nach überschätzen wir unsere Einflussmöglichkeiten. Wir sind nicht so allmächtig, dass wir diesen Schritt hätten verhindern können. Und selbst, wenn wir einen Suizidenten vielleicht einmal retten

Deine Seele ist ein Vogel

Deine Seele ist ein Vogel,
stutze ihm die Flügel nicht,
denn er will sich doch erheben
aus der Nacht ins Morgenlicht.

Deine Seele ist ein Vogel,
stopf nicht alles in ihn rein.
Er wird zahm und satt und träge,
stirbt den Tod am Brot allein.

Deine Seele ist ein Vogel,
schütze ihn nicht vor dem Wind.
Erst im Sturm kann er dir zeigen,
wie stark seine Flügel sind.

Deine Seele ist ein Vogel,
und er trägt in sich ein Ziel.
Doch wenn du ihn zu oft blendest,
weiß er nicht mehr, was er will.

Deine Seele ist ein Vogel.
Hörst du ihn vor Sehnsucht schrein,
darfst den Schrei du nicht ersticken,
bleibt er stumm, dann gehst du ein.

Deine Seele ist ein Vogel,
stutze ihm die Flügel nicht,
denn er will sich doch erheben
aus der Nacht ins Morgenlicht.

Gerhard Schöne

konnten, so ist dies keine Garantie dafür, dass er nicht zu einem anderen Zeitpunkt diesen Schritt vollenden wird. So viele Angehörige sind mir in den letzten Jahren begegnet, die diese traurige Erfahrung machen mussten.

Ganz entscheidend ist, dass wir erkennen, welch ein anderes, weiteres Wissen wir bekommen haben, das uns vor der Suiziderfahrung nicht zur Verfügung stand. Wir sind jetzt nicht mehr die Menschen, die wir vorher waren. Wir müssen anerkennen, dass wir unser Bestes versucht haben, und es hat nicht gereicht. Das ist zutiefst traurig. Aber es macht uns auch demütig und bescheiden und lässt uns behutsamer und vorsichtiger mit anderen Menschen und deren Schicksal umgehen.

Ich halte es auch für falsch, in diesem Zusammenhang von *realer* Schuld zu sprechen. Manchen Menschen hilft es vielleicht, wenn sie die juristische Definition von Schuld einmal lesen: »Schuld ist Vorwerfbarkeit. Man wirft dem Menschen vor, dass er sich bewusst für das Unrecht entschieden hat, obwohl er sich für das Recht hätte entscheiden können.« (BGH in Strafsachen)

Wir alle haben diesen Menschen helfen wollen und ganz gewiss nicht etwas bewusst getan oder unterlassen, was zu diesem Schritt geführt hat.

Deshalb ist es hilfreich, hier nicht von Schuld, sondern von Unvermögen oder unseren Grenzen zu sprechen. Ja, wir sind begrenzt und nicht allmächtig. Wir sind Menschen mit Stärken und Schwächen, mit und in unserem noch so großen Bemühen eingeschränkt in unseren Gestaltungs- und Einflussmöglichkeiten.

Keiner kann uns die Schuldgefühle nehmen, aber je mehr wir uns damit auseinandersetzen und uns darüber mit Gleichbetroffenen austauschen, umso eher wird es uns möglich sein, eines Tages, diese eigenen Grenzen anzuerkennen, um dann sagen zu können: »Ja, ich habe meine Grenzen, ich habe sie betrauert, aber ich stehe zu ihnen, ich habe mich mit ihnen versöhnt. Es ist, was es ist.«

Klage der Hinterbliebenen nach Suizid

Wir haben gesehen und doch nicht verstanden,
und seit wir verstehen, ist es zu spät.

Wir waren sicher tragend zu lieben,
wir schenkten Vertrauen und boten den Rückhalt,
das Sterben verhindern konnten wir nicht.

Der uns nächste Mensch ging allein in den Tod,
er hat sein Leben von unserem gelöst
und uns eine Last übergeben.

Wir tragen die bitterste Folge
Der Verwurzelung in einem Menschen.

Wir müssen so schmerzlich erfahren:
Des Lebens Rätsel lösen wir nicht.

Erika Bodner

Es ist anzunehmen, dass diesen Text wohl nur eine Betroffene verfassen konnte. Sie formuliert wissend, dass das Wissen, das wir jetzt haben, nicht das ist, das wir vor dem Tod hatten. Und selbst wenn wir es gehabt hätten, würden wir des »Lebens Rätsel nicht lösen« können.

DER UMGANG MIT BESONDEREN TAGEN

Weihnachten

Dietrich Bonhoeffers Schwester Sabine erzählt von einem Ritual für Weihnachten, das der Familie geholfen hat, nachdem ihr Bruder Walter gestorben war.

Ein Tannenzweig für das Grab

Weihnachten 1918 ist alles sehr schwer. Unser Bruder Walter fehlt. Er, der zweitälteste Sohn meiner Eltern, ist am 28. April 1918 als achtzehnjähriger Fahnenjunker im Westen gefallen. Eine schreckliche Lücke ist nun da, und sie bleibt offen. An diesem Weihnachtstag sagt unsere Mutter: »Wir wollen nachher hinübergehen.« Das hinübergehen heißt, wir gehen alle auf den Friedhof. Mama und Papa sind vorher noch einmal ins Wohnzimmer gegangen und haben einen Tannenzweig vom Baum geschnitten mit einem Licht und Lametta und nehmen diesen Weihnachtszweig für das Grab vom Walter mit. Auch in den folgenden Jahren ist es bei diesem Friedhofsgang geblieben.

Sabine Leibholz Bonhoeffer

Weihnachten unmittelbar nach dem Tod eines nahestehenden Familienangehörigen wird als besonders schmerzhaft und traurig empfunden.

Weihnachten als Familienfest, so wie es war, so wie es vielleicht über Jahre oder Jahrzehnte gefeiert wurde, diese Harmonie hat einen Riss bekommen, der schmerzt. Vielleicht liegt es daran, dass Weihnachten, reich an Gebräuchen und Ritualen, uns so ans Herz gewachsen ist. Vielleicht auch, weil es das einzige Mal im Jahr ist, an dem die ganze Familie zusammenkommt, das Miteinander genießt und sich darüber freut, was trotz eines veränderten Lebens vertraut und bewährt bleibt. Und nun die Lücke – der Verlust –, der uns so deutlich und eindeutig zeigt: So wie es früher war, wird es nie mehr sein! Gerade Familienfeste, zu denen alle zusammenkommen, tun am Anfang furchtbar weh, denn an einem solchen Tag wird besonders deutlich, dass einer fehlt.

Was können wir da machen? Wie können wir mit diesen besonderen Tagen umgehen?

Ist es vielleicht das Beste, einfach wegzufahren, vielleicht in die warme Sonne, an einen Platz, wo man mit nichts an die vergangenen Jahre, an den aktuellen, großen Schmerz erinnert wird? An das, wie es früher war?

Für manchen Trauernden mag das eine Möglichkeit sein, dem schier unerträglichen Schmerz auszuweichen. Andere wiederum werden wissen, dass sie nicht ausweichen können, nicht vor dem Schmerz weglaufen können, denn er würde sich Jahr für Jahr wiederholen, bis wir eines Tages das erste Weihnachten wieder zu Hause feiern und erleben müssen.

Eine Familie meinte zu mir nach dem Tod des Sohnes, sie lasse Weihnachten einfach aus, sie alle tun so, als ob es bereits der Jahreswechsel sei oder ein Tag wie jeder andere. Später erzählten sie mir, dass es ihnen damit gar nicht gut gegangen sei, nichts habe gestimmt, und sie wollten es nächstes Jahr anders machen.

Und wie war es bei uns? Wir luden unsere Lieblingspatentante ein, die bereit war, mit uns diese schweren Tage durchzustehen. Ich erinnere mich noch daran, wie schlecht es mir damals ging, es mir fast den Hals zuschnürte, wie wir aber dennoch einen Weihnachtsbaum kauften, ihn schmückten und vorhatten, den Ablauf des Abends wie sonst zu gestalten.

Aber dann wurde mir auf einmal klar: Ich werde nie mehr zu Hause Weihnachtslieder singen können! Die Buben waren ganz froh, dass sie nicht mehr singen mussten. Wir haben dann länger vorgelesen, erzählt, das Auspacken der Geschenke noch stärker zelebriert, das Essen in Ruhe genossen, um dann um 23.00 Uhr in den Gottesdienst zu gehen, wo im Altarraum ein großer Christbaum mit leuchtenden Sternen stand, auf denen die Namen unserer verstorbenen Kinder (von Mitgliedern unseres Vereins »Verwaiste Eltern«) aufgeschrieben waren. Auch wenn es schwer war, so tat es doch gut, dass die verstorbenen Kinder ihren Platz in der Kirche, beim Feiern mitten in der Gemeinde hatten. Seit dieser Zeit basteln wir jedes Jahr neue Sterne für die Kinder, die gestorben sind. Sie haben dort am Baum ihren Platz als äußeres Zeichen unserer inneren Verbundenheit mit ihnen. Und in der Kirche kann ich auch wieder singen und mich an den schönen alten Klängen erfreuen.

Von einigen Familien weiß ich, dass sie den Brauch der Bonhoeffers übernommen haben, um durch das Herausschneiden eines Zweiges ihre innere Lücke sichtbar zu machen. Für sie gehört dieses Ritual nun auch zu ihrem Weihnachten, und sie sind froh, dass damit auch für die Geschwister jene Lücke greifbar bleibt. Damit geht es den Kindern besser, als den Schmerz der Eltern nur als diffuses, nicht fassbares Gefühl wahrzunehmen. Außerdem entsteht dadurch eine Verbindung zum Grab und zu dem verstorbenen Angehörigen.

Es gibt noch andere Rituale, die diesen besonderen Tag erträglich machen: Wer mag, kann einen Stern an den Baum hängen, der eindeutig dem Verstorbenen gewidmet ist.

Oder man sucht sich eine neue Gemeinschaft an diesem Abend. Mit Gleichbetroffenen den Abend zu erleben, ihn gemeinsam zu gestalten, zusammen zu essen und zu reden, kann guttun, denn alle tragen den gleichen Schmerz. Das heißt aber nicht, dass an diesem Abend nur getrauert wird. Die Menschen, mit denen ich weinen kann, mit ihnen kann ich auch lachen.

Geburtstag

Der erste Geburtstag des Angehörigen nach dessen Tod ist ein besonders schwieriger Tag. Die Erinnerung an den Geburtstag davor kommt ins Bewusstsein und die schmerzhafte Erkenntnis, dass dieses gemeinsame Feiern endgültig der Vergangenheit angehört.

Gerade für verwaiste Eltern ist dieser Tag traurig, denn der Geburtstag erinnert uns an die Geburt des Kindes, ein Tag, der ins Leben hineinführt – entsprechend seiner Bestimmung –, und jetzt führt er uns in die Leere. Er wird als besonders schmerzlich empfunden. Wie können wir diesen Tag überstehen? Für die einen mag es gut sein, mit einer guten Freundin einen langen Spaziergang zu machen, andere dagegen möchten die Freunde des Verstorbenen einladen, um mit ihnen über Erlebnisse, die sie mit dem Angehörigen hatten, zu sprechen.

Beim Geburtstag der verstorbenen Tochter einer Freundin saßen wir – vielleicht ein Gruppe von zwölf Menschen – zunächst beim Kaffeetrinken zu Hause und fuhren dann gemeinsam zum Friedhof. Viele hatten wunderschöne Blumen mitgebracht. Ich hatte einen Strauß weißer Luftballons dabei mit dem Namen der Tochter. Nachdem wir uns alle zunächst schweigend um das Grab versammelt hatten, gab ich jedem einen Luftballon und sprach mit meiner Freundin gemeinsam diese Strophe des Gedichts von Rainer Maria Rilke:

Ich ließ meinen Engel lange nicht los,
und er verarmte mir in den Armen.
Und wurde klein, und ich wurde groß:
und auf einmal war ich das Erbarmen,
und er eine zitternde Bitte bloß.
Da hab ich ihm seine Himmel gegeben –
Und er ließ mir das Nahe, daraus er entschwand,
er lernte das Schweben, ich lernte das Leben,
und wir haben langsam einander erkannt.

Rainer Maria Rilke

Bei den Worten: »Da hab ich ihm seine Himmel gegeben«, ließen wir die Luftballons hochsteigen, jeder hob den Blick vom Grab zum Himmel, wir konnten beobachten, wie die Luftballons sich auf den Weg machten, sie in die Höhe schwebten, wie sie unterschiedliche Wege gingen und sich langsam aus unserem Blickfeld entfernten. Danach lag eine heitere Stimmung über uns allen. Wir hatten etwas losgelassen und die Ballons als Symbol für das Leben dem Himmel übergeben.

Todestag

Je näher der erste Todestag heranrückt, desto bedrückter werden die Trauernden oft. Die letzten Wochen, Tage, Stunden vor dem Todesfall erscheinen noch einmal ganz gegenwärtig und drohen uns zu erdrücken. Wie sollen wir diesen Tag überstehen? Meist ist es hilfreich, diesen Tag bewusst zu gestalten und sich nicht von ihm »wegschwemmen« zu lassen.

Wir haben damals bewusst alle Mitschüler unseres Sohnes und die Lehrer eingeladen. Woher wir die Kraft bekamen – ich weiß es nicht. Aber ich erinnere mich, dass es ein guter Tag war. Wir hatten eine Feier auf dem Friedhof, unser Seelsorger begleitete uns, sprach über das Emmaus-Evangelium, es wurde gesungen, und Freunde spielten Gitarre und Flöte. Benni stand im Mittelpunkt und das tat uns gut. Denn nicht nur unsere Familie, sondern der gesamte Freundeskreis brauchte das Beisammensein, um diesen nicht fassbaren Verlust langsam als Realität in das Leben zu integrieren.

Emmaus in unserem Leben

Wir sind gemeinsam erschüttert,
sprachlos geworden durch unseren Schicksalsschlag.
Dennoch machen wir uns auf den Weg,
spüren, wie gut es tut, nicht allein zu sein,
wir schweigen, hören, sprechen miteinander,
das Unaussprechliche in Worte fassen,
stammelnd, lückenhaft, tränenerstickt,
und dennoch – wir gehen, wir gehen gemeinsam.

Das Gehen geschieht, wir lassen uns mitnehmen,
alleine müssen wir die Schritte machen
und dennoch – das Miteinander trägt.
Wir erreichen einen Rastplatz am Abend,
wir kehren ein, essen und trinken gemeinsam,
spüren, dass ein Stück des Weges hinter uns liegt
und wir gemeinsam weitere Schritte wagen,
dankbar, dass eine nicht sichtbare Kraft uns führt
und lenkt – unseren Weg nach Emmaus.

Freya v. Stülpnagel

Der Todestag bleibt auch nach Jahren ein schmerzlicher Tag und immer wird der Blick zurückgehen. Aber wer ihn einmal »überlebt« hat, wird auch in Zukunft diesen Tag – wie auch immer gestaltet – überleben und er wird seinen Platz und seine Würdigung im Jahreszyklus bekommen.

Am 10. Todestag unseres Sohnes haben wir einen Gedenkgottesdienst »gefeiert« (ein irgendwie merkwürdiger Begriff in diesem Zusammenhang), zu dem auch viele seiner damaligen Schulfreunde kamen, und beim anschließenden Beisammensein hatte ich neben einem Fotoalbum Karten vorbereitet mit der Überschrift: »Ich erinnere mich an«, auf denen jeder, der mochte, seine Erinnerungen mit Benni aufschreiben konnte. Schöne, lustige Momente, Episoden und Erlebnisse haben wir auf diese Weise wieder erfahren und auch manches Neues. Diese Erinnerungen sind uns kostbar und helfen, auch unseren Enkeln eines Tages ihren verstorbenen Onkel nahezubringen.

Ostern

Ostern ist für Trauernde eigentlich das Fest, das ihnen am besten entspricht. Die Karwoche mit dem Schrei Jesu am Kreuz: »Mein Gott, mein Gott, warum hast du mich verlassen?« (Matthäus 27,46), ist wie unser Schrei – unsere Verlassenheit und unsere abgrundtiefe Ohnmacht. Wir fühlen uns wie Jesus in diesem Moment von Gott und den Menschen verlassen.

Dann aber kommt, nicht sofort, sondern symbolisch nach drei Tagen, nach einem längeren Prozess, die Auferstehung unserer Verstorbenen, indem wir ihnen einen neuen Platz in unseren Herzen und in unseren Seelen geben können. Und nach einem noch längeren Zeitraum können wir vielleicht eines Tages unsere eigene »Auferstehung« erfahren, so wie die Erfahrung der Maria Magdalena, als ihr Jesus am Grab in Gestalt des Gärtners begegnete, und die Jünger auf dem Weg nach Emmaus.

In der Osterzeit – wie in keiner anderen Zeit im Kirchenjahr – verdichtet sich für uns Trauernde beispielhaft an Jesu Leiden, Sterben und Auferstehen unsere leidvolle Erfahrung: Am Gründonnerstag, das letzte Abendmahl mit den Jüngern, unsere letzte Mahlzeit mit unseren Verstorbenen. Erinnern wir uns noch, welche es war? Karfreitag das Kreuz und der Tod: das Leiden unserer Angehörigen und deren Abschied aus diesem Leben, und schließlich Ostersonntag: Jesu Auferstehung und damit die Auferstehung all unserer lieben Menschen, die gestorben sind.

Wenn ein Evangelium für uns Trauernde eine besondere Hoffnung vermitteln kann, dann ist es ganz sicher das Emmaus-Evangelium. Es berücksichtigt unsere Verletzungen, gibt ihnen Raum, Zeit und Ausdrucksform und weist uns einen neuen Weg.

Aus meiner Predigt im Trauergottesdienst in der Wolfgangskirche in München zu Ostern 2007

Nach dem Drama, das die Jünger erlebt hatten, nach der Katastrophe von Jesu Tod, die ihnen all ihre Hoffnungen, ihre Perspektive, ihre angebliche Sicherheit genommen hatte, machten sie sich zu zweit auf den Weg, zu dem Ort, wo sie herkamen, in ihre Heimat. Es war ein Weg zurück. Ein Weg der Erinnerung.

Sie sprachen miteinander über all das, was sich ereignet hatte. Sie hatten ihre Starre, ihre Sprachlosigkeit bereits überwunden und so konnten sie sich austauschen über die Ungeheuerlichkeit des Geschehenen.

Sie machten sich auf den Weg und sie sprachen miteinander. Dies ist der erste Hoffnungsstrahl. Sie bleiben nicht stehen, wie versteinert, sie bewegen sich.

Kennen wir das nicht alle: Zunächst verkriechen wir uns nach der Nachricht des Todes unseres Angehörigen, wir ziehen uns in unser Schneckenhaus zurück – schmerzerfüllt. Sprachlos und wie erschlagen, wollen wir den Kontakt nach außen abbrechen, unsere Fühler einziehen. Und dies über einen langen Zeitraum.

Und dennoch haben wir irgendwann den Zeitpunkt gefunden, dass wir uns vielleicht zunächst zaghaft, angstvoll, nach außen wagten, mit kleinen Schritten, Kontakt aufnehmend, vielleicht mit Gleichbetroffenen, und dann spürten, dass wir gerade mit ihnen leichter wie mit anderen ins Gespräch kamen, weil sie das gleiche Schicksal erlitten haben.

Wir spüren, wie gut es tut, unsere Trauer in Worte zu fassen, sie jemandem mitzuteilen, der es verstehen kann, weil er es selbst erlitten hat. Wir können unsere Trauer ausdrücken, damit sie sich nicht eindrücken muss.

Im Evangelium gesellt sich Jesus später zu den Jüngern. Es heißt: »Er kam hinzu und ging mit ihnen.« Er ging nicht *vor* ihnen, sondern *mit* ihnen. Dazu der Dichter:

Geh nicht vor mir – ich könnte dir nicht folgen,
Denn ich suche meinen eigenen Weg.
Geh nicht hinter mir – ich bin gewiss keine Leiter
Bitte bleib an meiner Seite –
Und sei nichts als ein Freund und – mein Begleiter.

Albert Camus

Jesus stellte sich auf die Jünger ein, er passte sich in der Geschwindigkeit ihnen an, er ging mit ihnen. Das tröstet. Wie in unserem Fall, als der Mensch, der uns in der ersten Trauer begleitete, einfach da war, sich einstellte auf unsere Befindlichkeit, auf unseren Rhythmus der Seele, des Herzens und des Körpers.

Was tat nun Jesus in der oben geschilderten Situation? Er fragte sie, was der Grund ihres Gesprächs sei. Er ließ sich die ganze Trauergeschichte erzählen und in aller Ruhe konnten sie ihren ganzen Kummer loswerden. Er unterbrach sie nicht.

Es ist genau das, was uns Trauernden guttut. Es ist jemand da, der sich alles anhört, was wir sagen wollen. Jemand, der Zeit hat, der nichts deutet, nichts interpretiert, der erst einmal nur zuhören kann, ohne zu bewerten. Der uns Raum gibt, der uns aushält und uns keine Ratschläge erteilt.

Später versucht Jesus ihnen zu erklären, warum alles so geschehen ist. Jedoch erst nach einer langen Zeit des Weges. Wir können diese Erklärungen auch als innerseelischen Prozess deuten.

Nach einem langen Trauerweg können wir vielleicht erkennen, welchen Weg der Tod unserer Angehörigen uns aufgibt, jetzt zu gehen. Ein Weg, den wir uns sicher nicht gesucht hätten, ein Weg, den wir nicht gewollt haben, ein Weg, gegen den wir uns gewehrt hätten, und dennoch – es ist ein Weg.

Am Abend tat Jesus so, als wolle er weitergehen. Er drängte sich nicht auf. Sie aber drängten ihn, zu bleiben. Sie sagten: »Bleib doch bei uns, denn es wird bald Abend, der Tag hat sich schon geneigt.« Und er blieb daraufhin.

Warum drängten sie ihn zu bleiben?

Vielleicht hatten sie bereits gespürt, wie gut ihnen die Begleitung getan hatte, das Gespräch, das Miteinander. Sie wussten auch, dass es wieder dunkel wurde, dunkel außen und in ihnen. Sie hatten Angst, wieder in ein seelisches Loch zu fallen.

All das kennen wir. Vielleicht baten sie ihn aber auch zu bleiben, weil sie spürten, dass auch ihm die Nähe guttäte, denn auch für ihn wurde es dunkel.

Sie konnten vielleicht auf einmal auch von sich wegdenken, schauen, wie es ihm ergehen würde, wenn er seinen Weg alleine fortsetzen müsste.

Gerade hier ist für uns Trauernde der entscheidende Schritt getan – ein weiterer Hoffnungsstrahl –, es ist der Beginn der Annahme und der Integration des Verlustes. Nach und nach spüren wir, dass wir nicht mehr, wie es im Evangelium heißt, »von Blindheit geschlagen« sind, sondern erkennen können, dass um uns herum auch Dunkel herrscht, Kummer und Not, und wir nicht die Einzigen sind, denen etwas so Schweres widerfahren ist. Wir können wieder ein Stück weit von uns wegdenken, über unseren Trauerhorizont schauen und erkennen, dass auch wir Impulse, Inspiration und Unterstützung anderen geben können, für die es dunkel ist oder dunkel wird. Dann erst erkennen wir, dass Leiden zum Leben gehört, Teil der Lebendigkeit unseres Daseins ist, und dass wir mit unserer Leiderfahrung dem Leben dienen können und sollen. Dann können wir aufbrechen wie die Jünger, von denen es heißt: »Noch in derselben Stunde brachen sie auf.« Wir können aufbrechen mit unseren seelischen Verwundungen, brauchen nicht mehr zu fliehen, können zurückkehren zum Leben und so neue Aufgaben im Leben wahrnehmen. Aufgaben, die das erlittene Leid nicht verkleinern, den Tod des Angehörigen nicht vergessen machen, aber Aufgaben mit einer anderen Ausrichtung, mit einer anderen Tiefe. Und damit können wir die Fülle des Lebens wahrnehmen.

RITUALE – KRAFTVOLL
UND HEILSAM

Rituale helfen uns, das Unaussprechliche in eine Form zu gießen. Auch Gedanken, Entschuldigungen und Wünsche, die zu Lebzeiten des Verstorbenen ungesagt blieben, lassen sich in einem schönen Ritual nachholen. Hierzu eine kleine Geschichte, die ich in meiner offenen Trauergruppe erlebt habe:

Der Brief

Eine Witwe, die gerade ihren Mann und vor über vierzig Jahren ihren kleinen Sohn verloren hatte, quälte – durch die akute Trauer ausgelöst – der Gedanke, dass sie ihrem verstorbenen Sohn damals nicht das gegeben hatte, ihm nicht die Zuwendung geben konnte – auch beim Verabschieden –, wie sie es heute gern getan hätte.

Ich machte ihr den Vorschlag, ihrem Sohn jetzt all das zu schreiben, was sie die ganzen Jahre mit sich getragen hat, ihn um Verzeihung zu bitten für das, was in ihren Augen nicht geglückt war, und ihre Liebe zu ihm auszudrücken. Sie könnte den Brief dann mit zum Grab nehmen, ihn dort verbrennen und die Asche mit der Erde auf dem Grab verteilen. Sie wollte es so machen und alleine die Vorstellung befreite sie schon etwas.

Nachdem sie den Brief geschrieben hatte, ging sie auf den Friedhof, um ihn auf dem Grab zu verbrennen. Leider kam in diesem Moment ein Friedhofswärter vorbei, der sie wegscheuchte und ihr sagte, so etwas mache »man« nicht.

Das nächste Mal war die kleine alte Dame klüger. Sie schaute in der Zeitung nach, ob eine Beerdigung angesetzt war und die Friedhofsangestellten in der Gegend um ihr Grab dort herumliefen. Sie wählte eine passende Zeit und wollte gerade mit dem Verbrennen beginnen, als eine »mittelalterliche« Dame vorbeikam, die nichts Besseres zu tun hatte, als den Wärtern Bescheid zu geben, die dann auch umgehend kamen, um das »Unternehmen« zu stoppen. Aber die kleine alte Dame ließ sich nicht beirren, sie ging ein drittes Mal auf den Friedhof, um den Brief zu verbrennen. Dieses Mal war sie durch einen Gärtnereiwagen vor fremden Blicken geschützt. Sie verbrannte den Brief, vermischte und verstreute die Asche mit der Erde über dem Grab und fühlte sich erleichtert, dass es ihr nun gelungen sei, ihre Gedanken und Gefühle so dem verstorbenen Sohn zu überbringen.

Als sie an dem Gärtnerwagen vorbeispazierte, ging die Tür des Wagens auf, sie bekam einen Schreck, ein Gärtner beugte sich heraus und fragte sie: »Geht es Ihnen jetzt besser?«

Warum sind Rituale so hilfreich?

Rituale in der Trauer sind Möglichkeiten, bisher nicht artikulierte Emotionen auszudrücken, die Starrheit zu lösen, die aufbrechenden Gefühle zu kanalisieren und, indem sie wiederholt werden, ein Stück Sicherheit in dieser ungesicherten Zeit zu erlangen. Sie können auf diese Weise zu einem Geländer werden, an dem wir uns »entlanghangeln«, auch wenn uns sonst die Kraft zum Gehen noch fehlt. Rituale geben dem inneren Erleben eine sichtbare Form, man kann sich an sie erinnern und sie wirken nachhaltig.

So gehört es für viele Trauernde dazu, gleich nach der Beerdigung täglich aufs Grab zu gehen, dort innezuhalten, eine neue Kerze anzuzünden oder frische Blumen hinzustellen – gern immer zur gleichen Tageszeit. Wenn sie einmal verhindert sind, fehlt ihnen dieser Besuch, sie werden unruhig und nervös.

In der akuten Trauerzeit bilden bestimmte Rituale, die als solche oft gar nicht wahrgenommen werden, Ordnung und Struktur in dieser meist als chaotisch empfundenen Zeit.

Auch gehört es für viele Trauernde durchaus über einen langen Zeitraum hinweg dazu, dass neben dem Bild des Verstorbenen in der Wohnung immer eine Kerze brennt und vielleicht eine frische Rose in einer Vase steht.

Oder es wird beim Essen im Familienkreis eine Kerze für den Verstorbenen auf den Esstisch gestellt und angezündet und sein Name wird ausgesprochen. An besonderen Tagen kommt vielleicht auch noch das Foto dazu, um ihn bewusst in die Mitte dieses Kreises zu rücken. Dann können alle essen, sich unterhalten und lachen, denn es ist sichtbar, dass der Verstorbene – zwar unsichtbar – anwesend ist. Für die nächsten Angehörigen ist gerade am Anfang der Trauerzeit nichts schlimmer, als wenn der Verstorbene vergessen würde.

Aus eigener Erfahrung weiß ich, wie tief verletzt ich war, als auf einem »runden« Familiengeburtstag alle Verstorbenen erwähnt wurden, nur unser Sohn nicht. Ich habe zunächst den Tisch verlassen, und nachdem ich mich beruhigt hatte, konnte ich mich insoweit wieder zusammenreißen, dass ich mich wieder dazusetzte. Aber ich fühlte mich danach todmüde und ich dachte, ich würde auf der Stelle einschlafen.

Ich erfuhr am eigenen Leib: Trauerarbeit ist Schwerstarbeit für Körper und Seele.

Später konnte ich den Vorfall ansprechen, und es ist nie wieder passiert.

Bei einer trauernden Witwe stellte sich nach mehreren Besuchen heraus, dass nicht nur der Tod ihres Mannes ihr so schwer auf der Seele lastete, sondern es gab noch einen anderen bislang nicht beweinten und genügend gewürdigten Trauerfall. Vor dreißig Jahren hatte sie ein kurz vor der Geburt gestorbenes Baby, dem sie schon einen Namen gegeben hatte, nicht beerdigt und auch nicht richtig betrauert. Damals gab es noch keine Bestattungspflicht für totgeborene bzw. zu früh totgeborene Kinder. Sie wurden »klinisch entsorgt«. Die Trauernde litt darunter, dass dieses Kind keinen Platz in ihrem Leben bekommen hatte. Ich machte ihr deshalb den Vorschlag, auf das Grab ihres Mannes einen schönen größeren Stein zu legen, den Namen des Kindes dort aufzuschreiben, sodass es nun einen auch für andere sichtbaren Platz bekommen hat. Ich durfte erleben, wie viel besser es ihr ging, nachdem sie dies getan hatte, und das nicht geborene Kind wird nun auch jeden Monat beim Trauergottesdienst namentlich genannt.

Bei Gottesdiensten für Trauernde können Rituale ein wesentlicher Bestandteil sein. In den Trauergottesdiensten auch in denen des Vereins »Verwaiste Eltern« gehören Rituale grundsätzlich dazu: Es werden *immer* Kerzen für jeden Verstorbenen angezündet, jeder Trauernde kann zum Altar gehen und für seinen Verstorbenen die Kerze an der großen Osterkerze anzünden.

Beim Hochgebet werden *immer* alle Namen der Verstorbenen verlesen, die man zuvor in ein Buch eingetragen hat. Es tut den Menschen gut, dass der Name wenigstens einmal im Monat laut ausgesprochen wird und sie ihn hören können.

Zum Schluss des Gottesdienstes wird auch *immer* das *gleiche* Segenslied gesungen und es folgt danach der wunderschöne irische Reisesegen, der die Menschen zu Tränen rührt, ihnen aber auch Geborgenheit und Hoffnung, Kraft und Zuversicht schenkt.

Abschlusssegen

An die Verstorbenen

Mögen die Wege euch freundlich entgegenkommen
und sich vor euren Füßen ebnen.
Möge der Wind nicht gegen euch stehen,
sondern euren Rücken stärken.
Und bis wir uns wiedersehen,
möge Gott seine schützende Hand über euch halten.

Möge die Sonne warm euer Gesicht bescheinen.
Möge das Licht der Sonne euch leiten.
Und bis wir uns wiedersehen,
möge Gott seine schützende Hand über euch halten.

Möge der Regen sanft auf unsere Felder fallen
und sie tränken.
Möge die Ernte des Lebens einmal unser Lohn
in Gottes Ewigkeit werden.
Und bis wir uns wiedersehen,
halte Gott euch fest und geborgen in seiner Hand.

Und an Sie – die Trauernden

Seien Sie umgeben von guten Wünschen:
Mögen Sie Grund zur Hoffnung haben,
sich öffnen den heilenden Kräften in Ihnen,
damit Sie Trost finden an Körper und Seele.
Geduld möge Ihnen zuwachsen und das Vertrauen,
dass es einen Weg für Sie gibt,
wie immer er aussehen mag.

Und dass Sie nicht alleine bleiben
mit dem, was Sie bewegt,
dass wenigstens ein Mensch um Sie ist,
der Sie versteht und begleitet.

Nach einem irischen Segen

Gerade die Rituale in Gottesdiensten und in anderen Gemeinschaften helfen uns, den Blick nicht nur nach »unten«, sondern langsam auch wieder nach »oben« zu richten. Und dies kann deshalb gelingen, weil Rituale zu den ältesten Methoden gehören, auf die sich eine Gemeinschaft als Energiequelle für die Heilung der Seele besinnen und anbieten kann.

Hinzu kommt, dass Rituale ermöglichen, einen seelischen Schritt nach vorne zu machen, zu dem wir bewusst noch nicht bereit sind. Der Verein »Verwaiste Eltern« schließt Glaubensseminare für die trauernden Eltern mit einer Eucharistiefeier ab. Zu Beginn der Feier haben alle eine Kerze vor sich stehen, die jeder selbst anzündet. Während des Gottesdienstes – meistens vor der Kommunion – werden die Eltern aufgefordert, dieses Licht in die geschmückte, hell erleuchtete Mitte zu stellen. Oft fällt dieser Weg schwer. Es geschieht häufig zaghaft, zögerlich. Manch einer kann diesen Schritt noch gar nicht machen. Andere wiederum sind schon bereit dazu und sind so Beispiel für die anderen. Jeder kann dabei Worte wählen, die ihm etwas bedeuten: »Ich lasse dir deinen Weg«, »Ich stelle dich in die Mitte des Lichts, von mir unabhängig«, »Ich lasse dich ins Licht gehen«. Solche Äußerungen berühren alle tief, Tränen fließen, aber diese Wege werden als heilsam empfunden. Sie ermöglichen der Seele einen Schritt, zu dem sie im einsamen Kämmerlein oft nicht in der Lage ist. Das Ritual gibt hier den Impuls zum bewussten »Loslassen«. Es ist einfacher, in Form eines Rituals einen solch kleinen

Schritt zu tun, als auf Anraten eines Außenstehenden der sagt: »Du musst endlich loslassen.« Wenn Trauernde so etwas hören, werden sie ganz widerspenstig. Zu Recht! Keiner kann Loslassen verordnen. Es geht auch nicht um das Loslassen an sich, sondern um eine veränderte Beziehung zu dem Verstorbenen. Ich habe es für mich so formuliert:»Mein Sohn wurde mir zu meinem inneren Begleiter.« Wir können nur Anregungen zu der sich wandelnden Beziehung zu den Verstorbenen geben.

Besonders Kraft fördernd ist das Steinritual: Am Ende eines Gruppenabends beispielsweise, gerade wenn jemand frisch von einem Verlust betroffen ist, wird ein Stein im Kreis herumgereicht. Alle legen in diesen Stein gedanklich das hinein, was ihnen in ihrer Trauer geholfen hat. So sagt der Erste z.B.: »Ich lege in diesen Stein meine Tränen, die mir geholfen haben, nicht langfristig zu erstarren.« Der Nächste sagt:»Ich lege in diesen Stein meine Gartenarbeit, die mir geholfen hat.« Ein Dritter sagt vielleicht:»Seit dem Tod meines Sohnes gehe ich regelmäßig zu einer Kosmetikerin, das tut mir gut.« So wandert der Stein zum Schluss zu dem noch ganz frisch betroffenen Trauernden. Er darf diesen Stein mit all den erfahrenen Heilungsmöglichkeiten mitnehmen, und er kann ihm so für die Zukunft ein Symbol für Kraft und Hoffnung sein.

Für die Tränen

Deine Tränen sammle ich in einer Schale,
berge sie für dich in einem Schrein,
eines Tages wirst du diese Schale erben
und sie wird voll schöner Perlen sein.

Verfasser unbekannt

Dieses Gedicht spreche ich als Trauerbegleiterin immer, wenn jemand meint, er oder sie dürfe nicht weinen oder müsse sich seiner oder ihrer Tränen schämen. Da ich selbst »Expertin« für das Weinen geworden bin bzw. diese Zeit intensiv erlebt habe, ist es mir ganz wichtig, die Menschen zu ermutigen, ihren Tränen freien Lauf zu lassen.

Als Ritual ist es hier auch schön, eine Tränenschale herumzureichen, die bereits ein wenig mit Wasser gefüllt ist. Langsam wird sie herumgereicht, und jeder kann seinen sichtbaren und unsichtbaren Tränen dort einen »Platz« geben.

Denn »der Himmel ist die Quelle der Tränen«, wie Teresa von Avila sagt.

Dorothee Sölle hat einen wunderbaren Text über Tränen geschrieben. Ich habe ihn etwas abgewandelt.

Gib uns die Gabe der Tränen, Gott
Gib uns die Gabe der Sprache

Führ uns aus dem Lügenhaus
Wasch unsere Erziehung ab
Befreie uns von unserer Eltern Kind
Nimm unseren Schutzwall ein
Schleif unsere Verstandesburg

Gib uns die Gabe der Tränen, Gott
Gib uns die Gabe der Sprache

Reinige uns vom Verschweigen
Gib uns die Wörter, den neben mir zu erreichen
Erinnere uns an die Tränen des Kindes, das wir waren

Wie können wir reden, wenn wir vergessen haben,
wie man weint
Mach uns nass
Versteck uns nicht mehr

Gib uns die Gaben der Tränen, Gott
Gib uns die Gabe der Sprache

Zerschlage den Hochmut, mach uns einfach
Lass uns Wasser sein, das man trinken kann
Nimm uns das private Eigentum und den Wunsch
danach
Gib und wir lernen geben

Gib uns die Gabe der Tränen, Gott
Gib uns die Gabe der Sprache
Gib uns das Wasser des Lebens

Rituale geben uns Geborgenheit und Sicherheit. Mit Ritualen können wir das in eine Form geben, was zunächst noch in uns verschlossen ist. In der Trauer ist es wichtig, das, was uns bewegt, auszudrücken, damit sich nichts eindrücken muss.

Rituale ermöglichen es uns, Schleusen zu öffnen, sichtbaren Raum für seelische Prozesse zu geben und heilende Gemeinschaft zu erfahren.

HILFESTELLUNGEN FÜR
DAS UMFELD

Mit einem Todesfall im Freundes- oder Familienkreis werden wir alle irgendwann einmal konfrontiert werden. Was machen wir dann? Wie gehen wir damit um? Was hilft, was hilft nicht? Sollen wir gleich reagieren oder erst einmal die Hinterbliebenen in Ruhe lassen?

Von den Trauernden habe ich immer wieder erfahren, wie enttäuscht sie von ihrer Familie, ihren Freunden, von den Nachbarn, vom sozialen Umfeld sind. Sie bekommen nicht die Zuwendung und Unterstützung, die sie sich so wünschen würden. Sie fühlen sich alleingelassen und zu dem Trauerschmerz kommt dann noch das Unverständnis der Umgebung. Bei der Beerdigung sind sie alle da, aber ein Jahr danach, wer denkt da noch an den Trauernden?

Auch die Seelsorger haben leider oft nicht gelernt, auf Trauernde in einer angemessenen, hinhörenden Weise zuzugehen. Dabei wäre die Trauer eine so gute Möglichkeit, Menschen für die Kirche und den Glauben zu öffnen. Sie wären dankbar dafür. Hat doch der Glaube so viele wunderbare Tröstungen. Ich denke da besonders an die Psalmen und Rituale, die die Menschen in der Trauer unterstützen könnten.

Eine individuell gestaltete Trauerfeier, bei deren Vorbereitung der Seelsorger zum Hörenden wird, könnte für die Trauernden zu einem unvergessenen Geschenk werden. Stattdessen konfrontiert man die Trauernden oft mit vorgefertigten liturgischen Abläufen, in denen von Mitgefühl und achtsamem Umgang wenig erkennbar ist. Oder eine Beerdigung wird sogar abgelehnt. Eine verwaiste Mutter, die ins Pfarramt ging, um einen Gottesdienst bzw. die Beerdigung für ihren

Sohn, der am Suizid gestorben war, zu erbitten, wurde abgewiesen mit dem Satz:»Unser Pfarrer mag so etwas nicht.« Wenn sich jemand danach von der Kirche abwendet, von der er derart enttäuscht wurde, dann darf das niemanden wundern. Ein Theologe, der in der Trauerbegleitung tätig ist, meinte zu mir, dass die Kirche von den weltlichen Trauerbegleitern unendlich viel lernen könnte. Werden die Seelsorger, egal welcher Konfession, eines Tages so offen sein?

Wir selbst hatten einen wunderbaren Seelsorger, der uns treu und ausdauernd zur Seite stand, der das richtige Gespür hatte, für das, was nottat, der mir das Gefühl gab, mich jederzeit (und sei es nachts) an ihn wenden zu können, falls es mir so schlecht ginge, dass ich nicht mehr weiterwüsste. Er erschien aber auch ungefragt, immer wieder, und schenkte uns seine Zeit und Zuwendung.

Wir haben durch ihn einen anderen, neuen, weiteren Zugang zum Glauben gefunden. Ich weiß nicht, wo ich heute stehen würde, hätte ich diese intensive Betreuung nicht erfahren.

Eine große Hilf- und Ratlosigkeit macht sich in einem Trauerfall bei vielen Menschen breit. Sie wollen gern helfen, etwas Gutes tun, aber sie wissen nicht was und wie.

Eine wunderbare Erfahrung habe ich nach der Tsunamikatastrophe machen dürfen: Unmittelbar nach einem Interview, das ich für verwaiste Eltern in diesem Zusammenhang gegeben hatte, wandte sich ein junger Mann per Mail an mich und fragte, was er tun könne. Sie seien ein großer Freundeskreis, und ein Paar mit zwei kleinen Kindern sei zu der Zeit in diesem Gebiet gewesen. Die Kinder waren von der Welle fortgerissen worden, die Frau sei schwer verletzt. Wie und was sie jetzt tun könnten. Zwei Tage später trafen wir uns in unserem Büro. Sechs Rat suchende Paare fanden sich ein. Es war ein intensives Gespräch, es wurden sehr offen Fragen gestellt, Bedenken geäußert, gemeinsam nach Lösungen und Antworten gesucht, und wir durften von unseren Erfahrungen erzählen. Immer wieder einmal habe ich danach mit einer jungen Mutter aus diesem Kreis Kontakt gehabt, und sie erzählte mir, wie dankbar sie alle damals für das Gespräch waren und wie wichtig es für sie war, um die natürliche Scheu zu verlieren, auf die Hinterbliebenen zuzugehen. Vieles haben sie umsetzen können von dem, was wir besprochen hatten.

Was für ein wertvoller Freundeskreis, habe ich mir damals gedacht. So einen würde ich allen Trauernden wünschen.

Dasein, Hören und Mitgehen, das sind die entscheidenden Haltungen, die dem Trauernden guttun. Und dies über eine lange Zeit. Viele sprechen vom ersten Trauerjahr. Die Menschen meinen, nach diesem Trauerjahr müsste der Trauernde langsam wieder »normal« werden. Tatsache ist, dass nach dieser Zeit, in der alles zum ersten Mal ohne den Verstorbenen erlebt wurde, besser »überlebt« wurde – Geburtstag, Weihnachten, Ostern, Allerheiligen, Todestag –, der Verlust in seiner ganzen Tragweite erst richtig realisiert werden kann. Oft ist das zweite Trauerjahr noch viel schwieriger, tut noch mehr weh, weil die Endgültigkeit, das »Nie-wieder« unseren Verstand und unser Herz erreicht haben.

Sich selbst zurückzunehmen, sich auf den Trauernden einzulassen, ihn bei seinen schweren, mühseligen, anstrengenden Schritten zu begleiten, ihm die Sicherheit und das Vertrauen zu geben, dass sie für ihn da sind, das ist das größte Geschenk, das die Menschen dem Trauernden machen können. Es ist ein Balanceakt zwischen liebevoller Zuwendung und respektvoller Distanz.

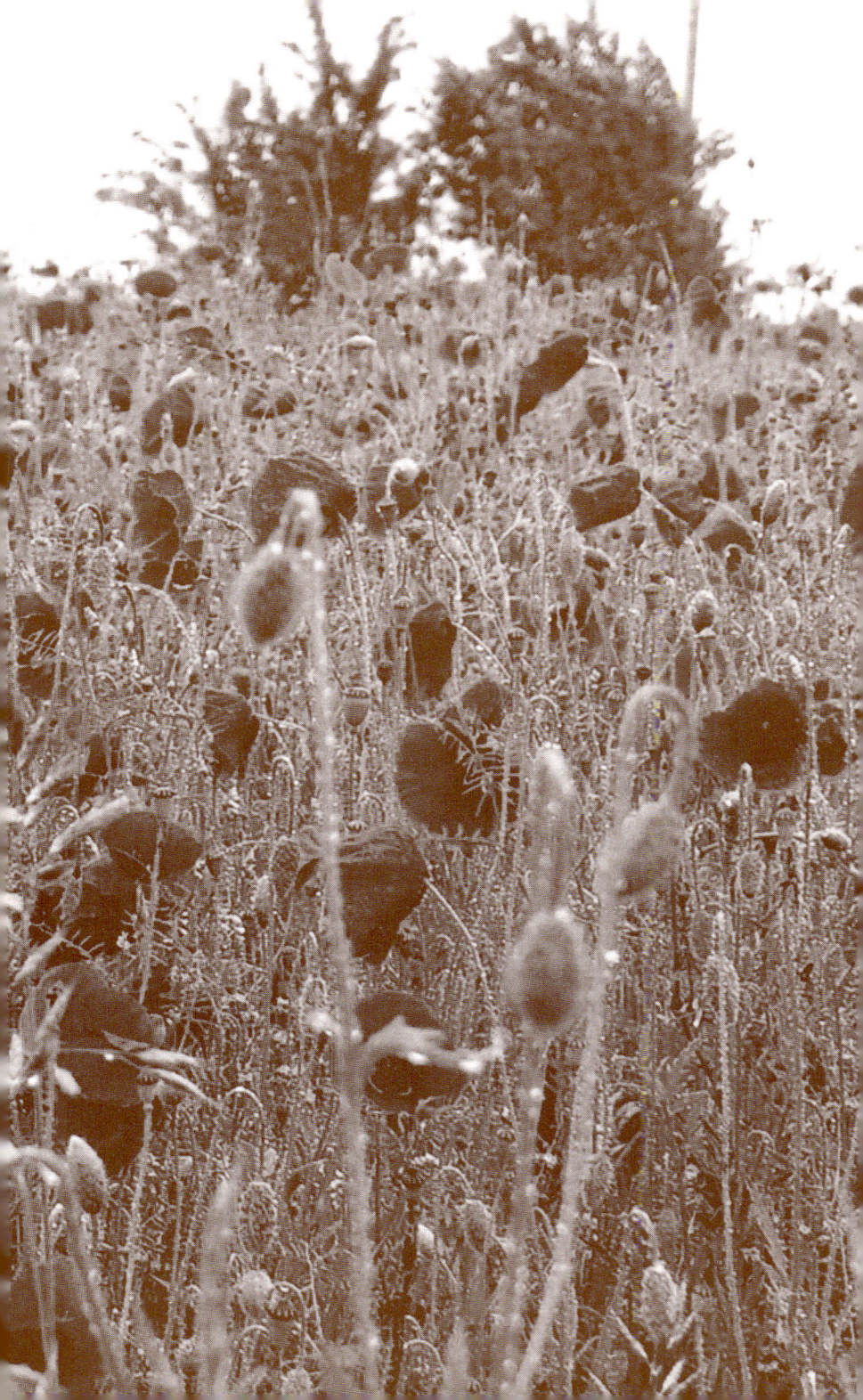

Wie gut, wenn einer mit mir geht

Ich möchte Dich begleiten.
Nicht, dass ich mehr wüsste als Du,
nicht, dass ich Dir weit voraus wäre.

Ich bin ein Mensch wie Du.
Ein Mensch, der zeit seines Lebens sucht,
einer, der gefunden hat und doch weiter sucht.

Ein Mensch, der betet,
für den es aber trotzdem Fragen gibt
und für den die Rätsel des Lebens
nicht schon gelöst sind.

Ein Mensch, der manchmal
in die Seele des anderen hineinblicken darf,
und für den jeder ein Geheimnis bleibt.

Ein Mensch, der Wege weist,
und doch selber in manchen Dingen ratlos ist.

Ich möchte Dich ein Stück begleiten.
Ich bin keiner, der auf alles eine Antwort weiß,
ich möchte aber Anteil nehmen an Deinem Leben
und wage es, mich Dir mitzuteilen.

Ich möchte mit Dir die Spuren Gottes suchen,
mitten im Alltag, mitten im Leben.

Ich bin wie Du unterwegs,
und wenn Du willst, ein Stück mit Dir.

Martin Gutl

Was Trauernden guttut

Im Folgenden habe ich ein paar Gedanken zusammengetragen, damit Sie, die Sie nicht betroffen sind, als Mitgehende vielleicht ein »Geländer« bekommen, das Ihnen Mut macht, nicht aufzugeben, um weiter mitgehen zu können.

Zuvor jedoch ein Gedicht zu diesem Thema von Lothar Zenetti:

Gebet für viele

Behüte, Herr, die ich dir anbefehle,
die mir verbunden sind und mir verwandt.
Erhalte sie gesund an Leib und Seele
und führe sie an deiner guten Hand.

Um manchen Menschen mache ich mir Sorgen
und möcht ihm helfen, doch ich kann es nicht.
Ich wünschte nur, er wär bei dir geborgen
und fände aus dem Dunkel in dein Licht.

Du ließest mir so viele schon begegnen,
solang ich lebe, seit ich denken kann.
Ich bitte dich, du wolltest alle segnen,
sei mir und ihnen immer zugetan.

Lothar Zenetti

■ Reagieren Sie schnell – so schnell wie möglich.

Hierzu eine Erfahrung: Die Religionslehrerin eines meiner Kinder sagte nach dem Tod unseres Sohnes zu den anderen: »Jetzt lasst sie doch erst einmal in Ruhe und zu sich kommen.« Irgendwann war es zu spät. Ich traf sie auf einem Geburtstag, nun wollte sie mich besuchen und wir machten auch einen Termin aus. Sie vergaß ihn. Wir haben uns nie mehr im Zusammenhang mit dem Tod unseres Sohnes getroffen. Es war zu spät.

Ein anderes Beispiel: Eine befreundete Mutter, die Kinder im gleichen Alter wie meine hat, meinte nach einem Jahr, als ich sie auf einem Geburtstag traf, ob wir uns nicht auf einen Spaziergang treffen könnten. »Weißt du«, antwortete ich ihr, »in diesem Jahr ist so viel in mir und um mich herum passiert, dass ich gar keine Lust habe, mich jetzt mit dir auf einem Spaziergang zu unterhalten. Und wenn ich dir einen Rat geben darf, wenn du wieder einmal mit dem Tod im Freundes- oder Bekanntenkreis konfrontiert wirst, reagiere gleich, denn irgendwann ist es sonst zu spät.« Sie war nicht beleidigt, sondern sagte: »Vielen Dank, dass du mir das so sagst.« Sie war sich offensichtlich nicht bewusst, wie ihr Verhalten auf mich gewirkt hatte.

■ Überlegen Sie sich nicht lange, wie Sie Ihr Mitgefühl elegant und stilgerecht formulieren. Drücken Sie das, was Sie fühlen, authentisch und ehrlich aus. Lassen Sie Ihr Herz und Ihren Bauch sprechen. Trauernde haben ein ganz sicheres Gefühl für das, was ehrlich ist, was aus dem Herzen kommt.

■ Wenn Sie nicht schreiben mögen und den ersten persönlichen Kontakt scheuen, legen Sie einen Blumenstrauß vor die Tür, mit dem Satz: »Wir denken an euch.«

■ Schauen Sie, wo Sie praktische Hilfe leisten können: beispielsweise einkaufen, einen frischen Salat machen, einen Kuchen backen.

Freunde stellten uns damals das fertige warme Essen vor die Tür. Es war genau das Richtige, denn ich konnte nichts essen, geschweige denn an das Kochen denken. Sich um die Hausaufgaben der anderen Kinder zu kümmern oder einen Abholdienst für Kindergartenkinder zu organisieren. Botengänge erledigen oder den Trauernden einladen, ihn auf den Friedhof begleiten, so er mag, oder mit ihm spazieren gehen, sind Angebote, die stützen, ohne aufdringlich zu sein

■ Schenken Sie dem Trauernden ein schönes Gedicht, eine schöne Geschichte, ein trostvolles Buch. Trauernde saugen alles auf, was der Seele guttut. Auch eine tröstende Musik, die Ihnen selbst in schwieriger Zeit gutgetan hat, wird Anklang finden.

■ Sagen Sie nie: Melde dich, wenn du etwas brauchst. Der Trauernde wird sich nicht melden, denn er hat nicht die Kraft, sich zu melden. *Sie* müssen den Kontakt suchen, da sein. Und seien Sie nicht enttäuscht, wenn ein Trauernder immer wieder ablehnt, weil er einfach noch nicht die Kraft hat, sich auch nur ansatzweise zu öffnen. Sie werden selbst spüren, wenn der Trauernde, aus welchen Gründen auch immer, tatsächlich überhaupt keinen Kontakt mehr möchte.

■ Schauen Sie immer wieder bei dem Trauernden vorbei und erspüren Sie, was er braucht.

■ Lassen Sie den Trauernden immer wieder über den Verstorbenen reden, über den Todeshergang, wenn er mag. Versuchen Sie, einfach zuzuhören. Kommentieren Sie nicht das, was der Hinterbliebene Ihnen mitteilt, hören Sie zu, wie es Benedikt von Nursia beschreibt: mit »hörendem Herzen«.

■ Erzählen Sie von Ihren Erlebnissen mit dem Verstorbenen, was Ihnen besondere Freude mit ihm gemacht hat.

■ Nennen Sie den Verstorbenen beim Namen, immer wieder auch nach Jahren. Dieses Leben soll nicht vergessen werden, das, was diesen Menschen ausmachte. Hierbei ist es außerordentlich tröstlich, wenn der Name des Verstorbenen genannt wird. Den Trauernden tut es gut, den Namen auszusprechen und auch, ihn immer wieder zu hören.

■ Suchen Sie nach alten Fotos, auf denen der Verstorbene abgebildet oder mit abgebildet ist.

■ Denken Sie an den Todestag, den Geburtstag des Verstorbenen. Diese Tage sind in die Herzen der Angehörigen eingebrannt und werden auch nach Jahren noch als besonders schmerzvoll empfunden. Damit Sie diese Gedenktage nicht vergessen, schreiben Sie sie am besten in Ihren Geburtstagskalender.

■ Fragen Sie nie, so »en passant«, »Wie geht es dir«, wenn Sie nicht wirklich eine offene, ehrliche Antwort haben wollen. Diese Frage ist tatsächlich gerade im ersten Jahr unpassend. Ich habe damals darauf immer geantwortet: »Wie soll es mir wohl gehen?« Eine andere Antwort könnte lauten: »Möchtest du eine kurze oder eine lange Antwort?« Besser ist es vielleicht, zu fragen: »Wie kommst du zurecht, wie hältst du diese schwere Zeit durch?«

■ Weichen Sie dem Trauernden nicht aus, gehen Sie offen auf ihn zu, sagen Sie ehrlich zum Beispiel: »Ich weiß gar nicht, was ich sagen soll. Ich bin so betroffen.«

■ Sagen Sie nicht, wenn Sie den trauernden Angehörigen nach langer Zeit treffen: »Ich wollte Ihnen ja schon längst schreiben, aber ich war so schockiert und konnte nicht.« Er wird sich abwenden.

■ Laden Sie den Trauernden ein und lassen Sie ihm die Möglichkeit, jederzeit wieder absagen zu können. Kleinere Einladungen wird er eher annehmen, weil er sich vielleicht etwas geborgener fühlt als bei großen Veranstaltungen. Sorgen Sie dafür, dass er einen guten Platz hat, und zwar nicht gerade dort, wo über Banales, wie beispielsweise die schlechte Qualität der Putzfrau, geredet wird. Das ist für Trauernde unerträglich.

■ Hüten Sie sich vor Floskeln, auch vor religiösen, die sich so anhören können: »Jetzt hast du einen Engel/Fürsprecher im Himmel.« Oder: »Gott bürdet dir nur so viel auf, wie du tragen kannst.« Oder: »Er/sie ist jetzt an einem besseren Ort.« Oder: »Es war Gottes Wille.« So etwas ist vielleicht gut *gemeint*, aber nicht gut. Es wirkt oft verletzend und überheblich.

■ Andere Floskeln könnten sich so anhören: »Er oder sie hätte nicht gewollt, dass du so traurig bist.« »Wenigstens hat er/sie nicht gelitten.« »Sei froh, dass du ihn so lange hattest.«

■ Versuchen Sie lieber, sich in den Trennungsschmerz einzufühlen, bzw. sagen Sie, dass Sie es sich nicht vorstellen können, wie schwer ein solcher Verlust ist, dass Ihnen die Worte fehlen, aber dass Sie bereit sind zuzuhören, dass Sie Zeit haben.

Aus einem Trauergottesdienst im Juli 2007 in der Wolfgangskirche in der Münchner Innenstadt

Den Dialog habe ich damals mit Pfarrer Dr. Martin Schubert gesprochen.

Einführung:

Gerade in der Trauer sind Freunde wichtig. Wir alle haben es erfahren, wie gut es tut, wenn ein Freund da ist, einer, der in dieser für uns erschütterten Zeit einfach da ist, uns aushält, unseren Tränen freien Lauf lässt, bei dem wir es ertragen, aushalten und zulassen, weinen zu können, zu klagen und das zu sagen, was uns wirklich bewegt. Umgekehrt wird einem solchen Freund viel zugemutet. Er hat über lange Zeit keinen Spaß mit uns, muss feststellen, dass in der Freundschaft nun etwas ganz anderes gefragt ist. Ob er das alles erträgt? Ob er mit uns diesen Weg gehen kann?

Schauen wir in den nachfolgenden Texten und Liedern, was wohl wirkliche Freunde ausmacht.

Gebet

Gott, wir bitten dich,
schenke uns Freunde,
die uns in dieser schweren Zeit begleiten.
Die uns an die Hand nehmen,
Zuneigung und Mut schenken,
wenn wir an unserer Trauer zu zerbrechen drohen.
Die den richtigen Ton finden, uns aushalten,
wenn wir für alle anderen unerträglich werden.

Die sich nicht abschrecken lassen, wenn wir sie einmal abweisen, weil wir Zeit und Stille für uns brauchen. Die dennoch ein Gespür dafür haben, wenn ihre Anwesenheit notwendig und für uns so hilfreich ist. Schenke ihnen die Fantasie, das Mitgefühl und die Ausdauer, uns auf unserem so schweren Trauerweg zu begleiten.
Amen.

Dialogpredigt

MARTIN: Es ist fast wie ein Wunder, dass zwei Menschen, die sich noch nie gesehen haben, aufeinander zugehen und so große Zuneigung finden, dass sie ein Leben lang zusammenbleiben wollen.

FREYA: Halt! So schnell geht es doch nicht! Sicher, wir spüren oft nach Sekunden, ob uns dieser Mensch sympathisch ist. Dann wollen wir ihn vielleicht gerne kennenlernen, aber das ist doch noch keine Freundschaft.

MARTIN: Voraussetzung für eine Freundschaft ist, dass ich dem Freund vertrauen kann.

FREYA: Aber dieses Vertrauen muss langsam wachsen und ist selten von Anfang an da. Ich denke da an den kleinen Prinzen, wie er sich mit dem Fuchs vertraut macht. Es ist ein behutsames Sich-Herantasten: »Komm und spiel mit mir«, schlug der kleine Prinz vor, »ich bin so traurig«.

MARTIN: »Ich kann nicht mit dir spielen«, sagte der Fuchs, »ich bin noch nicht gezähmt!«

FREYA: Der kleine Prinz: »Ich suche Freunde. Was heißt zähmen?«

MARTIN: »Zähmen, das ist eine in Vergessenheit geratene Sache«, sagte der Fuchs. »Es bedeutet: sich vertraut machen.«

FREYA: »Vertraut machen?«

MARTIN: »Gewiss«, sagte der Fuchs, »noch bist du für mich nichts als ein kleiner Junge, wie es viele gibt. Ich brauche dich nicht und du brauchst mich nicht, weil ich nur ein Fuchs von hunderttausend Füchsen bin. Aber wenn du mich zähmst, werden wir einander brauchen. Du wirst für mich einzig sein in der Welt, ich werde für dich einzig sein in der Welt.«

FREYA: Ja, hier ist das Entscheidende gesagt worden. »Wir werden einander brauchen.« Gerade in der Trauer brauchen wir Freunde. Freunde, mit denen wir uns vertraut gemacht haben. Sei es durch eine langjährige Beziehung oder durch Beziehungen, die aufgrund einer Schicksalsgemeinschaft entstanden sind.

MARTIN: Viele Trauernde haben erfahren, dass sogenannte gute alte Freunde, den Trauernden oft nicht das geben können, was sie so dringend bräuchten, nämlich vorurteilsfreie Annahme in ihrer existenziellen Ausnahmesituation. Viele wollen die Trauernden schnell wieder so haben, wie sie früher waren, aber sie werden nach einem solchen Schicksalsschlag nie mehr so sein wie früher.

FREYA: Und das ist häufig so enttäuschend, dass sich mancher gute Freund in dieser Notsituation nicht bewährt.

MARTIN: »Freunde in der Not, gehen tausend auf ein Lot.« So heißt es doch.

FREYA: Wir haben jedoch auch die Erfahrung gemacht, dass uns gerade durch den Todesfall wunderbare Menschen begegnet sind. Menschen, die uns treu zur Seite gestanden sind, die einfach da waren, die die richtigen Worte gefunden haben oder mit uns schweigen und weinen konnten.

MARTIN: Was waren oder sind das für Menschen?

FREYA: Verschiedene Menschen: Ein Seelsorger, ein alter Freund, aber oft sind es Menschen, die auch einen derartigen Schicksalsschlag erlitten haben. Da entsteht erstaunlich schnell eine freundschaftliche, solidarische Verbundenheit. Man versteht sich ohne Worte und weiß, was der andere durchleiden muss. Wir wissen, dass wir uns auf den anderen verlassen können und wir füreinander da sind.

MARTIN: Ist es nicht furchtbar traurig, wenn nur Trauernde zusammensitzen?

FREYA: Nein, im Gegenteil. Ich habe die Erfahrung gemacht, mit den Menschen, mit denen ich weinen kann, kann ich auch lachen. Das geschieht dann im Bewusstsein, dass in dieser Beziehung beides seinen Raum haben darf.

MARTIN: Das Entscheidende ist das Vertrauen. Der kleine Fuchs sagt am Ende: »Du bist zeitlebens für das verantwortlich, was du dir vertraut gemacht hast.«
Aber was ist, wenn einer dieser guten Freunde stirbt?

FREYA: Schauen wir doch noch einmal, was der kleine Prinz dazu meint. Als die Stunde des Abschieds kam, sagte der Fuchs: »Ich werde weinen.«

MARTIN: »Das ist deine Schuld«, sagte der kleine Prinz, »ich wünschte dir nichts Übles, aber du hast gewollt, dass ich dich zähme.«

FREYA: »Gewiss«, sagte der Fuchs.

MARTIN: »Aber nun wirst du weinen«, sagte der kleine Prinz.

FREYA: »Bestimmt«, sagte der Fuchs. »Aber ich habe die Erinnerung, ich habe die Farbe des Weizens gewonnen, sie erinnern mich an dein weizenblondes Haar.«

MARTIN: Und genau das gilt für die Erinnerung an unsere Verstorbenen: Wir sehen sie nicht mehr mit unseren Augen, aber: »Man sieht nur mit dem Herzen gut, das Wesentliche ist für die Augen unsichtbar.«

TRAUER UND DIE KRAFT
DER VERWANDLUNG

Trauer ist eine Kraft, die uns in die Knie zwingt, die uns alles an Sicherheit nimmt, von der wir glaubten, sie zu haben. Sie lässt uns auf den Boden fallen, in den Abgrund stürzen – im freien Fall, und wir wissen nicht, wo wir landen. Dies geschieht, wenn wir den Mut haben, die Trauer zuzulassen.

Jeder Trauernde ist ein Held,
dem unsäglich viel zugemutet wird.
In einer total veränderten Innen- und Außenwelt
muss er Übermenschliches leisten.
Die Zeit der Trauer ist mehr als ein Aufenthalt in
einem fremden Land – sie ist eine Reise in eine fremde
Welt, und der Trauernde lernt kennen, dass Sprache
von der Erlebniswelt des Fühlens weit entfernt ist.
Sich mit dieser Welt – innen und außen – vertraut
zu machen, ist der Trauerprozess.
Wenn der trauernde Mensch sich den Gefahren
dieses Weges aussetzt und seinen Weg durch das
Unbekannte findet, kehrt er verwandelt zurück.

Anja Wiese

In welchem Zeitraum, mit welcher Geschwindigkeit, mit welcher Kraft, mit welchen Ressourcen und mit welcher *Wahr*nehmungsfähigkeit, das ist so unterschiedlich, wie jeder Mensch sich von dem anderen unterscheidet.

Jedes Leid ist einzigartig

Sofern nun das konkrete Schicksal dem Menschen ein Leid auferlegt, wird er auch in diesem Leid eine Aufgabe, und ebenfalls eine ganz einmalige Aufgabe, sehen müssen. Der Mensch muss sich auch dem Leid gegenüber zu dem Bewusstsein durchringen, dass er in diesem leidvollen Schicksal sozusagen im ganzen Kosmos einmalig und einzigartig dasteht. Niemand kann es ihm abnehmen, niemand kann an seiner Stelle dieses Leid durchleiden. Darin aber, wie er selbst, der von diesem Schicksal Betroffene, dieses Leid trägt, darin liegt auch die einmalige Möglichkeit zu einer einzigartigen Leistung.

Viktor E. Frankl

Am Ende des Weges der akuten Trauer und durch das Gehen der Schritte vollzieht sich Verwandlung. Menschen, die diesen langen Weg gegangen sind, leben verwandelt weiter. Diese emotionale Urkraft, die uns in den Abgrund hat stürzen lassen, hilft uns nun auch, unser Leben neu zu gestalten, mutig neue Schritte zu wagen, alten Ballast abzuwerfen, zu erforschen, was ist der Sinn meines Lebens, was die Aufgabe, die mir in diesem Leben gegeben und aufgetragen ist. Die Logotherapie von Viktor E. Frankl zeigt auf, dass es darauf ankommt, aus der Erfahrung des tiefsten Verlustes und der Erschütterung heraus zu erkennen, was aus dem oft »unsinnig« erscheinenden Tod heraus Sinnvolles gestaltet werden kann.

Das Leiden als sinnstiftend begreifen

In der Art, wie ein Mensch sein unabwendbares Schicksal auf sich nimmt, mit diesem Schicksal all das Leiden, das es ihm auferlegt, darin eröffnet sich auch noch in den schwierigsten Situationen und noch bis zur letzten Minute des Lebens eine Fülle von Möglichkeiten, das Leben sinnvoll zu gestalten.

Viktor E. Frankl

Die Geschichte ist voll von wunderbaren Vorbildern, die Beispiele geben, wie wir einen schweren Verlust verwandeln können in positives, aktives und sinnstiftendes Tun.

Denken wir nur an Friedrich Smetana, den großen tschechischen Komponisten, der in seinem Trio in G-Moll für Klavier, Violine und Violoncello op.15 die Trauer um seine Lieblingstochter Bedriska, die mit viereinhalb Jahren an Scharlach starb, ausdrückte. Bedriska war ein äußerst musikalisches Kind und in diesem Trio verarbeitet er auch *ihre* Musikalität, Melodien, die sie bereits gesungen hatte. Schon im Todesjahr 1855 brachte er das Trio trotz der schweren Trauer selbst zur Uraufführung.

Dieses Trio wurde zu seinem ersten großen Meisterwerk. Die verschiedenen Sätze zeigen die sich verwandelnde Trauer, wie sich die ganze Wucht und Schwere durch Erinnerungsarbeit nach und nach verwandelt, bis im letzten Satz die Hoffnung und ein Neubeginn durchstrahlen.

Verheißung

Menschen, die aus der Hoffnung leben, sehen weiter.
Menschen, die aus der Liebe leben, sehen tiefer.
Menschen, die aus dem Glauben leben,
sehen alles in einem anderen Licht.

Lothar Zenetti

Auch der Dichter Friedrich Rückert hat nach dem Tod seiner Kinder mit den Kindertotenliedern und den Rückertliedern die größte Totenklage der Weltliteratur geschaffen.

Über alle Gräber wächst zuletzt das Gras.
Alle Wunden heilt die Zeit, ein Trost ist das,
Wohl der Schlechteste, den man dir kann ertheilen;
Armes Herz, du willst nicht, dass die Wunden heilen.
Etwas hast du noch, solang es schmerzlich brennt;
Das verschmerzte nur ist todt und abgetrennt.

Friedrich Rückert

Gustav Mahler, der später selbst eine Tochter verloren hat, hat diese Totenlieder vertont. Er hat als junger Mann bereits viele Tode in der Familie erlebt und konnte sich deshalb so gut in die Trauer von Friedrich Rückert einfühlen.

Wenn wir heute in eine Buchhandlung gehen, um uns über Trauer zu informieren, gibt es inzwischen eine Fülle von Trauerliteratur. Auffallend ist, dass die meisten Trauernden sich angesprochen fühlen von Erfahrungsberichten Betroffener. Dort können sie sich oftmals wiederfinden, sie spüren, dass da jemand ist, der das gleiche Schicksal erlebt und überlebt hat. Und sie lesen, dass dort ein »Selbst-Verwundeter« sein Leid in Worte fassen konnte, Worte gefunden hat, die eine Voraussetzung sind, dass sich das Leid verwandeln konnte. Ein Vorgang, den auch der hier folgende Text beschreibt:

Worte finden

Das Leiden muss Sprache finden und benannt werden, und zwar nicht nur stellvertretend für viele, sondern in persona von den Leidenden selbst. Es ist notwendig, dass Menschen zum Sprechen kommen, um nicht vom Unglück zerstört oder von der Apathie verschluckt zu werden.

Dorothee Sölle

Alle Erfahrungsberichte zeigen uns, wie Betroffene ihre eigene lähmende Trauer in aktives, kreatives Tun verwandelt haben. Ich sage bewusst nicht »bewältigt« haben. Bewältigen können wir den Verlust eines uns lieben Menschen nie, wir können ihn aber verwandeln und in unser Leben integrieren. Betroffene teilen ihre Erfahrungen mit, das, was sie empfunden und erlebt haben, das, was ihnen gutgetan hat, das, was sie verletzt hat. Trauernde spüren, dass da kein Blinder von der Farbe spricht.

Manche Trauernde nehmen wahr, dass die Aufgaben, die sie vor dem Tod des Verstorbenen übernommen haben, nunmehr für sie keinen Sinn mehr haben bzw. sie überfordern. Nach einer meist längeren Karenzzeit suchen sie sich neue Aufgaben, vielleicht im ehrenamtlichen Bereich. Wie beispielsweise eine verwaiste Mutter, die sich um Blinde kümmert und mit ihnen Bergwanderungen macht, oder eine Tochter, die nach dem Tod der Mutter in ein Altersheim geht, um eine Frau im Rollstuhl spazieren zu fahren. Oder eine Witwe, die sich in Krankenhausseelsorge ausbilden lassen hat und Besuchsdienste im Krankenhaus macht.

Viele Hinterbliebene engagieren sich in Selbsthilfegruppen, absolvieren eine Ausbildung zur Trauerbegleiterin, sodass das Netz von Trauergruppen wächst und engmaschiger wird. Im Zusammenhang

mit diesen Tätigkeiten muss jedoch darauf geachtet werden, dass die eigene Trauer gut in das Leben integriert wurde und nicht mit der Trauer eines zu betreuenden Menschen vermischt wird. Eine kritische Distanz, eine gute Ausbildung und ein Blick von außen ist hier Voraussetzung, damit segensreiche Arbeit geleistet werden kann.

Andere, die einen Trauerfall durchleiden mussten, engagieren sich im Hospizverein, machen dort eine Ausbildung und können ihr inneres Wissen so im Dienste für andere Menschen fruchtbringend weitergeben.

Eine Freundin hat nach dem Tod ihres Sohnes begonnen, wunderschöne Puppen, »Blumenkinder«, zu basteln. Ihre ganze Liebe, Wärme und Kreativität lässt sie in ihre Arbeit fließen und sie hat eine lange Liste von Menschen, die von ihr eine Puppe haben möchten.

Dass Trauer neue Kraft freisetzt, ist mir besonders aufgefallen bei einer Frau, die nach vielen Verlusterfahrungen begonnen hat, auf ihren langen Spaziergängen Skulpturen und Himmelskörper aus Strandgut zu schaffen. Daraus ist eine große Ausstellung mit ganz besonderen Kunstwerken entstanden. Diese Kunstwerke sind Spiegel der Sehnsucht, des Schmerzes und der Hoffnung.

Aufhebung

Sein Unglück
ausatmen können

tief ausatmen
sodass man wieder
einatmen kann

und vielleicht auch sein Unglück
sagen können

in Worten
in wirklichen Worten
die zusammenhängen
und Sinn haben
und die man selbst noch
verstehen kann
und die vielleicht sogar
irgendwer sonst versteht
oder verstehen könnte

und weinen können

das wäre schon
fast wieder
Glück

Erich Fried

Der Musiker Herbert Grönemeyer hat nach dem Tod seiner Frau, die an Brustkrebs starb, eine lange Schaffenspause gehabt, eine Zeit, in der er »keinen Ton« herausbekam. Dann entstand sein Album »Mensch«, mit dem er seiner zunächst sprachlosen Trauer Gestalt gegeben, und damit anderen Menschen Anteil an seiner Entwicklung gewährt hat. Das Lied: »Der Weg« berührt mich persönlich jedes Mal wieder von Neuem und wenn es bei Vorträgen eingespielt wird, löst es etwas in den Zuhörern aus, was viele gerne lieber verdrängen würden, dann aber doch zulassen. Und spüren, wenn Tränen laufen dürfen, dass sie wieder in Kontakt zu ihren verwundeten Seelenorten kommen.

Das Leben, das vor dem Tod des Angehörigen zur Verfügung stand, ist nicht mehr da. Wir müssen uns neu verankern, neu orientieren. Wenn wir die Trauer durchleiden, »hinabsteigen in das Reich des Todes«, dürfen wir am Ende feststellen, dass uns zwar »das Herz fast zerrissen«, aber dennoch nicht vollständig zerstört wurde. Mit Hilfe von liebevollen Menschen, eigenen Ressourcen und dem Mut zu einem »neuen« Leben können wir weiterleben. In uns ist eine Kraft gewachsen, von der wir vorher nicht ahnten, dass wir sie je bekommen würden. Sie lässt uns weiterleben, verwandelt weiterleben, mit neuen Kontakten, innigeren Begegnungen, einer größeren Wahrhaftigkeit, neuen Entfaltungsmöglichkeiten, einer größeren Tiefe, die auch wieder Platz für Freude und Genussfähigkeit hat. Sie zeigt uns, was wirklich wichtig im Leben ist.

Erfahrene Ohnmacht wird zur Stärke. – Verlorenes Zutrauen wird zum Keim neuer Kraft. – Erfahrene Grenzen werden zu menschlicher Weite. – Die tiefe Sehnsucht nach unseren Verstorbenen wird zur Heimat, die die Grenzen des Horizontes überschreitet.

Die Mauer um das Herz

Irgendwann muss jeder mit der Versuchung fertig werden, eine Mauer um sein Herz zu bauen, die das Herz schützen soll vor den Verwundungen des Lebens, vor den Enttäuschungen und den Bitternissen. Irgendwann ist jeder von uns so enttäuscht. Von einer Liebe – von einer Freundschaft – von einem Vertrauen – von einem Urteil, das über ihn gesprochen ist – von den Grenzen seiner Möglichkeiten – von seinen Misserfolgen bei den Menschen oder von seiner Arbeit – enttäuscht, einfach von sich selbst, sodass er sich am liebsten zurückziehen möchte. – Aber wohin? –

   In sich selber, wo er seine Ruhe hat, wo er nicht enttäuscht und betrogen wird, in die schützende Dunkelheit hinter der Mauer, die er um sein Herz bauen will ...?

Es ist wahr: Wenn jeder vor sich sähe, was in der Zukunft seines Lebens bereitet ist, alle Freude und allen Ärger – alles Gelingen und alles Versagen – alle Versuche, die er unternimmt – alle Misserfolge, die er erleiden wird – allen Verzicht, der ihm auferlegt wird – alles Glück und allen Verlust – all seine Hoffnungen und Enttäuschungen –, er würde erschrocken ausrufen: »Nein, das ist zu viel, für mich ist das zu viel. So groß und stark ist mein Herz nicht. Das kann ich nicht an mich heranlassen. Ich baue mir eine Mauer um mein Herz!«

Gewiss, wer nichts riskiert, wird nicht enttäuscht. Aber unmerklich wird sein ganzes Leben zur Enttäuschung: Denn wir vermögen es nicht, eine solche Mauer um unser Herz zu bauen, die uns nur vor dem Schlimmen schützt. Wir können nur eine solche Mauer bauen, die alles von uns fernhält:

Mit dem Schmerz auch die Freude – mit den Abneigungen auch alle Zuneigungen – mit den Enttäuschungen auch alle Hoffnungen – mit den Qualen auch die Lust!

Was ist das für ein Preis!

Ohne Kelter gibt es keinen Wein. Wir sind traurig, wenn das Leben uns in die Kelter wirft. Aber ohne Kelter vertrocknen wir wie achtlos liegen gebliebene Trauben. Und diese Traurigkeit ist endgültig. Wenn ich alles Unkraut vermeiden will, muss ich den Acker betonieren.

Aber wo wächst dann der Weizen?

Reinhold Schneider hat aus dieser Erfahrung seines eigenen Lebens einmal den Satz geschrieben:

»Je reicher ein Leben ist, umso größer ist seine Verwundbarkeit.«

Wie viel Trost liegt in dieser Einsicht für den, der seiner Verwundbarkeit innewird. Nicht nur die Verwundbarkeit spüren, sondern damit auch den Reichtum des Lebens.

Hans Albert Höntges

EPILOG

Der Tod meines Kindes war das einschneidendste Erlebnis in meinem Leben.

Er hat mich erkennen lassen, dass uns unsere vermeintliche Sicherheit, unser familiäres Glück uns mit einem Schlag genommen wurde.

Er hat mich erkennen lassen, wie wir ohnmächtig, fehlbar und hilflos sind.

Er hat mich erkennen lassen, dass wir im Leben nichts festhalten können, dass übernommene Vorstellungen nicht weiterhelfen.

Aber dieser Tod hat mich auch erfahren lassen, dass uns unerwartete, treue Unterstützung und Hilfe zuteil wurde.

Er hat mich erfahren lassen, dass ich, je tiefer ich in das Tal des Todes hinabsteige, desto mehr Leben gewinnen kann.

Er hat mich an meine tiefe Verwundbarkeit und Verletzbarkeit herangeführt.

Er hat mein Urteilsvermögen geschärft – Wesentliches vom Unwesentlichen zu unterscheiden, formales Verhalten von inhaltlichem Verhalten.

Er hat mich sensibler gemacht im Umgang mit Menschen.

Er hat mich spüren lassen, wo ich helfend eine Hand reichen kann, mir aber auch die Grenzen des Helfens aufgezeigt.

Er hat mir meine Eitelkeit, meine Überheblichkeit genommen.

Er hat mir meine Vorurteile genommen.

Er hat mich offener werden lassen für die Nöte meiner Umgebung.

Er hat mir Mut und Kreativität geschenkt. Mut, Altes aufzugeben und Neues zu gestalten.

Er hat mich auf eine neue Art mit Dankbarkeit erfüllt.

Danksagung

An dieser Stelle möchte ich mich bei allen Menschen bedanken, die mich während der letzten zehn Jahre begleitet haben. Ganz besonders meinem Mann Alexander, der meinen »neuen« Weg immer unterstützt hat und sich auf die uns wandelnde Trauer eingelassen hat und mich stets ermutigt hat, diesen meinen Weg zu gehen. Meinen Kindern, die meine Arbeit immer mitgetragen haben und mir geholfen haben mit den Widrigkeiten des PCs fertig zu werden. Besonders meinem Sohn Anselm, der geduldig immer wieder meine »Notrufe« bei der Fertigstellung des Manuskripts entgegennahm und so ein Weiterarbeiten ermöglichte.

Von Herzen danke ich Klaus Günter Stahlschmidt, der uns seit der Stunde null intensiv begleitete. Ich weiß nicht, wo ich − wir − ohne sein mitfühlendes Dasein heute ständen.

Pater Claudius Bals OSB danke ich für das Vorwort und die wunderbaren Wochenenden, die wir immer wieder mit ihm und seiner Leben spendenden Theologie in St. Ottilien verbringen können.

Mein aufrichtiger Dank gilt allen Freunden, Wegbegleitern und Trauernden, die sich mir anvertraut haben und mit denen ich ein Stück Lebensweg gehen durfte. Ihnen habe ich dieses Buch zu verdanken, denn ohne ihre Offenheit, ihr Vertrauen und ihre Hinwendung zum Weggeschehen wäre es in dieser Form nicht möglich gewesen.

Bedanken möchte ich mich auch bei den Menschen, die mir ihre Fotos geschenkt haben und mir erlaubten, sie zu verwenden.

Nicht zuletzt gilt mein Dank Winfried Nonhoff, der trotz der vielfältigen Trauerliteratur, die es bereits gibt, sich anrühren ließ von der Idee und mich ermutigte, dieses Buch zu schreiben. Michaela Breit danke ich für die offene und unkomplizierte Zusammenarbeit.

Auf meiner Homepage
www.trauerlicht.de
finden Sie die aktuellen Termine.

Über mich und meine Arbeit

Im Jahr 2001 habe ich meine Anwaltszulassung zurückgegeben und meine juristische Tätigkeit aufgegeben.

Ich spürte, dass ich neben meiner Arbeit mit Trauernden nicht mehr die Kraft und Motivation zur Juristerei hatte. »Alles hat seine Stunde. Für jedes Geschehen unter dem Himmel gibt es eine bestimmte Zeit« – so steht es schon in der Bibel (Prediger 3,1).

So konnte ich mich ganz meiner neuen Aufgabe widmen.

Schwerpunkt und Herzensanliegen meiner Arbeit ist sicher die Mitarbeit im Verein »Verwaiste Eltern München e.V.«. Dort begleite ich mit anderen seit Herbst 1999 die Suizidgruppe, habe mich zur Trauerbegleiterin ausbilden lassen und bin seit 2000 regelmäßig in »Themenzentrierter Interaktion« (TZI) Ausbildung, die TZI Grundausbildung habe im Herbst 2006 abgeschlossen.

2003 habe ich das Projekt »Primi Passi – erste Schritte«, die Akutbetreuung von Frischbetroffenen im Verein »Verwaiste Eltern München e.V.« initiiert und arbeite seitdem in diesem Team mit, nachdem ich eine Ausbildung in Akutbetreuung abgeschlossen habe.

Seit 2005 bin ich Mitglied des Vorstandes des Vereins »Verwaiste Eltern München e.V.« und mit dem Team der Geschäftsstelle zuständig für die Öffentlichkeitsarbeit.

Von September 2002 bis Februar 2008 habe ich eine offene Trauergruppe beim Münchner Bildungswerk mit Dr. Martin Schubert geleitet.

Zu meinem Engagement gehören auch:
– die Begleitung der AGUS-Gruppe (Angehörige um Suizid), zusammen mit einer Freundin und Kollegin;
– die Gestaltung der monatlichen offenen Trauergedenkgottesdienste an jedem 1. Donnerstag um 19.00 Uhr im Kirchenraum des Kolpinghauses in der Kolpingstraße in München mit Pfarrer Dr. Martin Schubert;
– Traueransprachen;
– Gestaltung von Gedenkfeiern anlässlich der Todestage und der Geburtstage der Verstorbenen;
– Wochenenden mit Trauernden;
– Vorträge;
– Einzelgespräche.

ANHANG

Quellenverzeichnis und Literatur

S. 16 *Buch der Bilder*, Frankfurt/M. 2000

S. 19 Mascha Kaléko aus: *Verse für Zeitgenossen*, erschienen im Rowohlt Verlag, Reinbek © 1975 Gisela Zoch-Westphal

S. 20 Antje Sabine Naegeli aus: *Ich spanne die Flügel des Vertrauens aus* © Verlag am Eschbach der Schwabenverlag AG, Eschbach/Markgräflerland ³2007

S. 23 Gesammelte Werke in fünf Bänden, Frankfurt/M. 2003

S. 25 Aus: *Ach wie gut, dass jemand weiß. Trauerbegleitung mit Märchen*, Tyrolia Verlag, Innsbruck-Wien 1996 (vergriffen)

S. 26 Kurt Marti: *geduld und revolte. die gedichte am rand* © 2002 by Radius-Verlag, Alexanderstr. 162, 70180 Stuttgart

S. 29 Jörg Zink © Rechte beim Autor

S. 31 Kurt Marti: *Ungrund Liebe. Klagen Wünsche Lieder* © 2004 by Radius-Verlag, Alexanderstr. 162, 70180 Stuttgart

S. 32 Viktor E. Frankl aus: *Trotzdem ja zum Leben sagen*, Kösel-Verlag in der Verlagsgruppe Random House GmbH, München ⁹2005

S. 32 Harold Kushner: *Wenn guten Menschen Böses widerfährt*, GTB Siebenstern, Gütersloh ⁹2006

S. 37 Thomas Schmid aus: *Auf dem Weg im Land der Tränen* © Echter Verlag, Würzburg 2002, S.13

S. 39 Hermann Hesse/S. 46 Klaus Huber aus: *Mit der Reife wird man immer jünger. Betrachtungen und Gedichte über das Alter* © Suhrkamp Verlag, Frankfurt/M. 2002

S. 39/40 Regina Tuschl, SHG Trauernde Familien Regensburg, gina-tuschl@gmx.de

S. 42 Charlotte Knöpfli-Widmer aus: *Liebe über den Tod hinaus*, Amboss Verlag, St. Gallen 1990

S. 46 Aus: *Ferment II*, 1990

S. 56 f. Doris Wolf aus: *Einen geliebten Menschen verlieren*, PAL Verlag, Mannheim ¹²2003, www.palverlag.de

S. 60 f. Jutta Klinkhammer-Hubo aus: Mechthild Voss-Eiser: *Noch einmal sprechen von der Wärme des Lebens*, Herder Verlag, Freiburg i.Br. © Rechte bei der Autorin

S. 64 Mascha Kaléko aus: *In meinen Träumen läutet es Sturm*, Deutscher Taschenbuch Verlag, München 1977

S. 74 Jochen Klepper aus: *Unter dem Schatten deiner Flügel*, Tagebücher (1932-42), Brunnen Verlag, Gießen 1997

S. 77 f. Gesammelte Werke in fünf Bänden, Frankfurt/M. 2003

S. 80 f. © Gerhard Schöne, München

S. 83 Erika Bodner aus: *Ich wollte doch dein Leben schützen*, Weishaupt Verlag, Gnas, Österreich, 2002

S. 85 Sabine Leibholz-Bonhoeffer: *Weihnachten im Hause Bonhoeffer* © Gütersloher Verlagshaus, Gütersloh, in der Verlagsgruppe Random House GmbH, München

S. 89 Aus: *Mir zur Feier*, Frankfurt/M. 2000 (vergriffen)

S. 101 f. nach einem Irischen Reisesegen aus: Jörg Zink: *Sei gesegnet jeden Tag.* Verlag am Eschbach, Eschbach/Markgräflerland 1996

S. 114 Martin Gutl © Karl Mittlinger

S. 115/129 Lothar Zenetti aus: *Auf seiner Spur*, Topos Plus 327 © Matthias-Grünewald-Verlag der Schwabenverlag AG, Ostfildern ⁴2006, S. 177

S. 121 ff. Antoine de Saint-Exupéry aus: *Der kleine Prinz*, Karl Rauch Verlag, Düsseldorf ⁷1997

S. 125 Aus: *Um Kinder trauern. Eltern und Geschwister begegnen dem Tod*, ⁴2009, © Gütersloher Verlagshaus, Gütersloh, in der Verlagsgruppe Random House GmbH, München

S. 126/127 Viktor E. Frankl, a.a.O.

S. 131 Dorothee Sölle aus: *Leiden*, Kreuz Verlag, Stuttgart 2003, S. 89

S. 134 f. Erich Fried aus: *Beunruhigung*, © Verlag Klaus Wagenbach, Berlin 1984

S. 137 Hans Albert Höntges, aus: *Inge Hesselbeck: Über den Fluss schauen* © Rechte beim Autor

S. 29, 39, 73, 77, 85, 97, 126, 127, 131 Überschriften sind von der Redaktion ergänzt

Adressen

Bundesverband Verwaiste Eltern in Deutschland e.V., Dieskaustraße 43, 04229 Leipzig, Tel.: 0341/9468884, www.veid.de

Verwaiste Eltern München e.V., St.-Wolfgangs-Platz 9, 81669 München, Tel.: 089/48088990, www.verwaiste-eltern-muenchen.de

AGUS (Angehörige um Suizid) e.V., Markgrafenallee 3, 95443 Bayreuth, Tel.: 0921/1500380, www.agus-selbsthilfe.de

Projekt Lacrima, Zentrum für trauernde Kinder München, Schäftlarnstraße 9, 81371 München, Tel.: 089/72011190 (Johanniter-Unfall-Hilfe e.V.), www.Lacrima-muenchen.de

Allgemeine Trauergruppen bieten in der Regel die örtlichen Hospizvereine an.